Let's Parler Franglais Again!

Let's Parler Franglais Again!

Miles Kington

Illustrations by Merrily Harpur

ROBSON BOOKS

This paperback edition published in Great Britain in 2004
by Robson Books, The Chrysalis Building, Bramley Road,
London, W10 6SP

An imprint of Chrysalis Books Group plc

British Library Cataloguing in Publication Data
A catalogue record for this title is available from the
British Library.

ISBN 1 86105 783 0

Printed and bound by Creative Print & Design (Wales), Ebbw Vale

Preface

par sa hautesse Royale
Prince Phillipe
Duc d'Edimbourg
c/o Palais de Holyrood
ECOSSE etc
(N'oubliez pas la postcode)

Bonjour. Hrumph. OK, stand facile. Bon.

Vous savez, chaque jour 6,000,000 dolphins sont exterminés. Moi, je trouve cela un très mauvais show. Mais au Fund de la Wildlife du Monde il y a un effort tremendeux pour combattre ce mayhem. Donc, envoyez vos cheques marqués 'Sauvez le Dauphin'. Immédiatement!

A propos, savez-vous que le mot *dauphin* signifie 1) un dolphin 2) le fils de la monarque? Donc, Charles, Prince de Wales, est un dolphin!

Il y a une joke là, quelque part.

Meanwhile, je recommande ce livre tout mon coeur.

Tous es profits vont directement au fox hunting.

Juste ma petite joke...

Un Brief History de Franglais

1066. Invasion de GB par William le Conquérant.

1067. Révolution dans l'éducation anglaise! Français obligatoire dans les écoles de GB ! Anglo-Saxon un second class lingo. Massif unrest.

1068. Nosedive dans les résultats de GCSE. "Nightmare scénario", dit OFSTED. Français abandonné.

1069–1975. Les dark ages. Complète absence de communication entre France et GB.

1975. Invention de Franglais par Miles Kington dans *Punch*. "C'est un petit footstep pour moi," il dit, "mais c'est un giant step pour les touristes anglais. Aussi, c'est un nice petit earner."

1979. Publication du 1er livre en Franglais, *Let's Parler Franglais!* par Robson Books. Sensation ! All-night queues à WHSmith. Rioting à Paris. National jour de mourning à l'Académie Française.

1980. 2ème volume de *Franglais*, "Nominé pour le Prix de Booker". Loo Book de l'Année Award.

1985. 3ème, 4ème, 5ème etc. etc.

1998. Franglais, par appointement, official language du World Cup à Paris.

2001. Launch de "FiloFranglais", le moderne personal organiseur!

2002. Collapse de "FiloFranglais".
Fondation de dernièreminute.com, la première compagnie Franglaise sur l'Internet!

2003. Bankruptcy de dernièreminute.com.
Fondation de FranglaisJet, budget airline sans frills!

2004. Bankruptcy de FranglaisJet etc. etc. etc.
Retour au core business. Republication de *Let's Parler Franglais!*

Si vous avez aimé *Let's Parler Franglais Again!*, pourquoi pas essayer les following books?

Le Poodle des Baskerville par Conan Doyle
Snag-22 par Joseph Heller
Le Guide Michelin de la Galaxie par Douglas Adams
Du Côté de Chez Swann par Marcel Proust
Du Côté de Chez Pooh par A A Milne
Ah! Les Petits Oiseaux Qui Chantent! par Sebastian Faulks
Mange, Tire et Sort par Lynne Truss
Oh, là là – Mlle Marple est Morte! par Agatha Christie

Lessons

Le Sailing

Capitaine: Welcome aboard, vieux chap! C'est votre première visite dans un boat?

Ami: Oui. C'est à dire, j'ai pris le ferry de Douvres à Calais . . .

Capitaine: Mais non, mais non, ce n'est pas le real thing. Boating, c'est le smack de la mer contre les wellies, le sel dans les cheveux, le vent dans les oreilles . . .

Femme: (*dans le galley*) . . . Le tonic dans le gin?

Capitaine: Oui, merci. (*A l'ami*) C'est Liz, la femme. Elle déteste le sailing. Pauvre Liz. Maintenant, un peu d'explication. C'est très simple. Ici le helm. Le m'ns'l. Le sp'nn'k'r-h'ly'rd. Le j'b-sh't-w'nch. Et voilà! C'est tout.

Ami: Hmm. Et ceci, ils sont les ropes?

Capitaine: Non, non, ce sont les sheets.

Ami: Je croyais que les sheets étaient les sails?

Capitaine: Non, les sails sont les jibs, les genoas, les m'ns'ls, etc. C'est très simple.

Femme: Du citron dans le gin?

Capitaine: Oui, merci! Maintenant, vieux chap, let's go.

Ami: Bon.

Capitaine: OK, cast off.

Ami: Pardon ?

Capitaine: Cast off le warp. Le warp, c'est le sheet qui attache le boat à l'Angleterre. Cast off le warp.

Ami: Bon.

Capitaine: Mais, espèce de flaming idiot, vous avez cast off le wrong end ! Vous avez laissé le warp sur terra firma !

Ami: Mais . . .

Capitaine: Mais rien, Maintenant hissez le m'ns'l.

Ami: Avec quel rope ? Quel sheet ? Quel warp ?

Capitaine: Avec le halyard, twitface. Non, pas celui-là, celui-là !

Ami: Celui-là ?

Capitaine: Non, celui-là. Oh, for God's sake, prenez le helm, pendant que je fais le straightening out.

Femme: De la glace dans le gin et tonic ?

Capitaine: Pas maintenant, Liz, fais-nous une faveur ! Oui, deux lumps. OK, squire, steady as she goes. Bear away un peu.

Ami: Pardon ?

Capitaine: Bear away. Bear away ! Jesus wept, on va frapper cette Contessa 32 ! ! BEAR AWAY !

Femme: Il veut dire, donnez un push au morceau de bois dans vos mains.

Ami: Ah. Comme ça ?

Capitaine: Oui, très bien. Vous voyez, c'est très simple, le sailing. Je suis sûr que vous allez vous amuser beaucoup.

Ami: Je ne suis pas sûr. J'ai un feeling un peu . . .

Capitaine: Un peu quoi ?

Ami: Un peu queasy.

Capitaine: C'est normal. Liz, donne-lui un gin et tonic et Kwells. Maintenant, on va essayer le spinnaker . . .

Dans le Health Food Shop

Client: Bonjour. Je cherche un plain strong white flour.

Assistant: Ne cherchez pas ici, monsieur. White flour est toxique et deadly. Nous sommes un magasin sérieux.

Client: Oh. Quelle sorte de farine vous avez ?

Assistant: Nous avons wholemeal, wheatmeal, mealwhole, 110% fullwheat, 120% wheat-of-the-loom ou 150% millstone grit.

Client: Et la différence ?

Assistant: Nulle. Elles sont toutes organically grown avec real dung et hand ground dans notre mill à Buckminster Fuller. Elles sont transportées ici dans un organically built farm wagon

Client: Et les sacs sont rangés sur les shelves ici par ruddy-cheeked yokels dans smocks traditionnels ?

Assistant: Of course.

Client: Hmm. Je prends un 1 lb sac de 200% stonewheat.

Assistant: Ça fait £4.80.

Client: C'est cher.

Assistant: Health food est toujours cher. C'est le wholepoint. Nous ne voulons pas avoir chaque Tom, Dick and Harry dans le shop.

Client: Hmm. Et je veux acheter un carrier bag.

Assistant: Quelle sorte de carrier ?

Client: Il y a différentes sortes ?

Assistant: Oui, bien sûr. Wholeweave, brownbag recycle, Third Worldweave, Arty Dartington ou Jethrotwill.

Client: On peut les manger ?

Assistant: Non. On peut manger les Chinese rice paper bags, mais ils ne sont pas très forts.

Client: OK. Un sac de stonewheat et un Chinese paper bag.

Assistant: Un moment, je vais calculer sur mon abacus. £4.80 + 60p, c'est . . . c'est . . .

Client: £5.40.

Assistant: £5.80.

Client: Votre abacus est sur le blink.

Assistant: Un abacus ne va jamais sur le blink . J'ai simplement ajouté 40p pour le Save The Honeybee Appeal.

Client: Le honeybee est en danger ?

Assistant: Non. Pas encore. Mais il faut anticiper. Sauvons le honeybee maintenant

pendant qu'il est sauf ! Plus tard, il sera trop tard ! !

Client: OK, OK. Voici £5.80. Merci et au revoir.

Quel Temps Fait-il?

Lui: Tu as écouté le weather forecast?

Elle: Oui. A 7 am le radio a dit: 'Cool et cloudy, avec showers.' A 8 am il a dit: 'Tempête, Force 8-9, visibilité limitée à 10 mètres.'

Lui: Cela représente une vive détérioration. Pourquoi les forecasts sont si différents?

Elle: Je crois que le second forecast était pour inshore shipping.

Lui: Hmm. Que disent les journaux?

Elle: Le *Telegraph* dit: 'Squally, avec scattered showers.' Le *Mail* dit: 'Squally, avec scattered showers.' Le *Guardian* dit: 'Squatters, avec silly showers,' mais je crois que c'est une mistake. Le *Hi-Fi Review* ne dit rien.

Lui: Pourquoi les forecasts sont tous les mêmes?

Elle: Ils viennent tous du roof du London Weather Centre.

Lui: C'est scandaleux! Dans une libre société, il faut avoir un choix! Si j'étais le nouveau gouvernement, je rendrais le weather forecasting à l'entreprise privée.

Elle: Et qu'est-ce qu'on ferait avec le roof du London Weather Centre?

Lui: Eh bien, je le vendrais à Sotheby's à un Yankee millionnaire. C'est unique.

Elle: Et les gens dans les bureaux sur le top floor du London Weather Centre? Cela ne serait pas comfortable, sans un roof.

Lui: Eh bien, ils auraient un lovely outdoor working situation en midsummer.

Elle: Mais s'il neigeait?

Lui: Eh bien, ils écouteraient le weather forecast avant le rush hour, et ils resteraient chez eux.

Elle: Mais si le forecasting était dénationalisé, comme tu recommandes, les forecasts seraient tous différents. Comment distinguer le best buy?

Lui: Toss un penny, juste comme maintenant.

Elle: Toi, tu fais le penny-tossing quand tu écoutes le forecast?

Lui: Non, ils font le penny-tossing sur le roof du London Weather Centre. Ecoutons le radio à 9 am . . .

Radio: '. . . et aujourd'hui il sera mild et cool, avec soleil et scattered showers, et neige sur le very high ground. Le vent . . . hold on, je vais tosser mon penny encore . . . damn! Je l'ai laissé tomber du roof du London Weather Centre.'

Lui: Tu vois ? Eh bien, je vais au bureau. Je prends mon overcoat pour le temps mauvais et mes sunglasses en cas de heat-wave.

Elle: Tu ressembleras à un film star incognito.

Lui: Merci, chérie.

Elle: Je pensais à Telly Savalas.

Lui: Charmé, je suis sûr.

A la Barbecue

Mari: Qui attend un hamburger ?

Femme: Dave, Susan, Phil, Liz, Tony, Maggy, Jim, Harry, Una, Sylvia, John et les treize enfants.

Mari: Dommage. Sur le griddle il y a espace pour quatre hamburgers seulement.

Femme: Cet hamburger semble well-cooked.

Mari: Ce n'est pas un burger. C'est un morceau de solid fuel. Les burgers sont les burnt offerings.

Femme: Dear God. Et les sausages ?

Mari: Malheureusement, les saucisses ont glissés par les petits trous dans le griddle.

Femme: Elles sont perdues ?

Mari: Perdues, non. Elles brûlent, et donnent un terrific heat.

Femme: Eh bien, je vais tourner les hamburgers et leur donner un cooking sur le flipside.

Mari: Non, non, ne les touche pas ! Si tu essaies . . . ! Regarde maintenant.

Femme: Dear God. Ils se sont fragmentés comme une

momie ancienne d'Egypte.

Mari: Au revoir, saucisses. Au revoir, burgers. Bring on les beefsteaks !

Femme: Le feu est un peu faible.

Mari: Faible ? Oui. C'est presque mort. Demande à Dave, Susan, Phil, Liz, Tony, Maggy, Jim, Harry, Una, Sylvia, John et les treize enfants de me donner leurs paper plates pour emergency incineration.

Femme: Non, c'est trop embarrassant. Verse un peu de High Octane Barbecrude Oil, 'actif même dans les downpours !'

Mari: Tu crois ? Eh bien, OK. Here goes. *(On entend un Whoosh, suivi de cris de terreur.)* Jehosaphat ! Le jardin est en flammes. Curieux, que l'herbe si verte peut brûler comme ça. *(On entend une sirène, suivie de quelques fire officers.)*

Fireman: Bonsoir, monsieur. Un peu de trouble ?

Mari: Eh, oui. Basicallement, le jardin brûle mais les steaks sont underdone.

Fireman: Nul problème, monsieur. Le Barbecue Brigade est ici pour vous aider.

Mari: Barbecue Brigade ?

Fireman: Special Off-Duty Group, spécialistes dans les out-of-hand fry-ups dans le Belt Vert. Nous sommes les Red Adairs des suburbes. Maintenant, donnez-moi le slice, les tongs

et mon petit barrel.

Mari: C'est un barrel de fire-fighting foam?

Fireman: C'est mon barrel de fire-proof piquant barbecue sauce. Dans 10 minutes vous aurez un souper parfait al fresco.

Mari: Merci. Vous resterez pour manger avec?

Fireman: Merci. Par coincidence, j'ai couteau et fourchette dans ma poche. Maintenant, stand clear!

Le Commissionnaire

Visiteur: Je veux voir M. Whitworth.

Commissionnaire: Le chairman ? Fat chance. Vous avez un appointement ?

Visiteur: Non, pas un appointement exactement.

Commissionnaire: Pas un appointement exactement. Quoi, alors ? Un blind date ?

Visiteur: Non, mais je suis expected.

Commissionnaire: Oh, vous êtes expected, hein ? Il a dit : 'Pop in any time' ?

Visiteur: Non, pas exactement, mais . . .

Commissionnaire: Regardez. Je suis un homme très busy. Toute la journée il y a des gens qui vont et viennent. Ils disent : 'Je suis pour le Marketing Director.' Je dis : 'Troisième étage.' Cinq minutes plus tard, le Marketing Director vient à mon desk et dit : 'Pourquoi vous avez laissé entrer ce nutter ?' Maintenant, je détourne tout le monde.

Visiteur: Alors, vous pouvez téléphoner à la secrétaire du chairman.

Commissionnaire: Non.

Visiteur: Comment, non ?

Commissionnaire: Elle est allée à lunch.

Visiteur: Oh. Alors, on peut téléphoner au chairman ?

Commissionnaire: Charmant. Lovely. J'appelle le chairman et je dis : 'Pardon de vous interrompre, M. Whitworth, mais c'est Hodgkins au desk ici, et il y a un jeune homme qui a l'air de quelque chose que le chat a apporté, et peut-être, M. le chairman, vous pouvez descendre pour lui dire bonjour.' Savez-vous ce qui'il me dirait, le chairman ? Il dirait : 'Hodgkins, vous êtes un blithering idiot !'

Chairman: (qui sort soudain du lift) Graham ! Te voilà !

Visiteur: Oncle ! Bonjour !

Chairman: Mais pourquoi tu n'est pas monté à mon bureau?

Visiteur: C'est le commissionnaire qui m'a bloqué la route . . .

Chairman: Hodgkins, vous êtes un blithering idiot !

Commissionnaire: (avec beaucoup de dignité) Monsieur le chairman, je suis un homme simple. Je suis un ex-soldat qui s'est battu dans trois guerres. J'ai été décoré dans le jungle de Burma, pour ma lutte contre les communistes. Maintenant, je conduis la même bataille ici contre les IRA bombers, les shareholders avec un chip sur l'épaule, et les ex-maîtresses d'un certain gentleman dans Advertising. Si j'ai mal fait, je m'excuse.

Chairman: Hodgkins, de tous les blithering idiots que j'ai rencontrés, vous prenez le gâteau. Viens, Graham—saute dans le Rolls, et allons déjeuner au Garrick.

Le Jogging

Premier Joggeur: Je peux courir avec vous ?

Deuxième Joggeur: Oui, si vous voulez.

1er Joggeur: C'est pour la compagnie, vous savez.

2ème Joggeur: Ah, vous courez sur company business ?

1er Joggeur: Non, non. Je n'aime pas courir seul.

2ème Joggeur: Ah.

1er Joggeur: C'est un merveilleux matin pour cette sorte de chose.

2ème Joggeur: Quelle sorte de chose?

1er Joggeur: Le jogging.

2ème Joggeur: Ah, vous faites le jogging?

1er Joggeur: Oui. Vous aussi, non?

2ème Joggeur: Non.

1er Joggeur: Ah . . . Mais pourquoi vous courez, alors?

2ème Joggeur: Je vais à un job.

1er Joggeur: Un *job*? Vous êtes un Running Doctor, comme en Australie?

2ème Joggeur: Non. Je suis un gendarme. Je vais à un 999 appel.

1er Joggeur: C'est curieux. Je croyais que la police avait des motocyclettes et des voitures avec sirènes.

2ème Joggeur: Oui, mais nous sommes under-equipped. Le 999 appel est venu, on n'avait plus de véhicules, on m'a dit: 'Run, you blighter, run.'

1er Joggeur: Mais . . . vous n'avez pas d'uniforme.

2ème Joggeur: Je suis plainclothes.

1er Joggeur: Ah. Cela explique le trois-piece suit, la cravate natty et la rose au revers. Quand je vous ai vu, je me suis dit: 'Pour un joggeur, ce n'est pas tres joggy. Ce n'est pas mon idée d'un jog-suit.' A propos, où vous allez?

2ème Joggeur: 19 Lauderdale Road. Séparer un mari et une femme. Ils se battent. La même vieille histoire. Blimey, je suis knackered. C'est loin?

1er Joggeur: Pas si vous êtes dans la rose de santé. Vous n'avez pas une petite sirène pour arrêter la traffique?

2ème Joggeur: Non. Il faut que je me repose un peu. Dites donc, vous êtes en peak form—pouvez-vous aller à l'avance?

1er Joggeur: A 19 Lauderdale Road?

2ème Joggeur: Oui. C'est bien simple. Vous entrez, vous criez, 'Je suis la loi,' et vous craquez les têtes ensemble.

1er Joggeur: Mais . . . mais je fais un time trial! Cela dérangera ma schedule!

2ème Joggeur: C'est un ordre!! Par la majesté de la loi je vous ordonne . . . !

1er Joggeur: OK, OK. J'y cours.

2ème Joggeur: Et prenez garde! Le mari a un revolver! Au revoir, jusqu' après mon petit lie-down.

A la Douane

Official: Vous avez quelque chose à déclarer?

Voyageur: Non. Rien. Pas une saucisse.

Official: Les saucisses sont duty-free.

Voyageur: Ah. En ce cas, je me souviens soudain que j'ai quelques saucisses dans ma valise. Pas beaucoup. Presque rien.

Official: Combien?

Voyageur: 15 lb chipolates de porc, 15 lb thick Irish et 15 lb black pudding. C'est un cadeau pour Tante Emily.

Official: Black Pudding n'est pas tax-free.

Voyageur: Quand je dis black pudding, je suis inexact. Ce

n'est pas noir, c'est gris, presque vert.

Official: Ce n'est pas un black pudding alors. On vous a vendu un concombre.

Voyageur: Ah. Bon. C'est tax-free ?

Official: Oui. Les légumes sont tax-free.

Voyageur: Sans blague ? Alors je veux déclarer 10 kg de carottes, 15 kg de choufleurs, et un navet, dans ce carrier bag ici.

Official: Un navet ? Pourquoi un seul turnip ?

Voyageur: Parce qu'il a les dimensions 2m x 1.5m x 1.3m.

Official: Ce n'est guère une lègume, c'est plutôt une arme offensive.

Voyageur: C'est tax-free, les armes offensives ?

Official: Oui.

Voyageur: Alors, j'ai l'intention d'employer le navet dans un booby-trap.

Official: Mais pourquoi un *turnip* dans un booby-trap ?

Voyageur: Pour divertir les enquêtes de la police à l'IRA, naturellement.

Official: Bonne idée. En passant, les autres légumes sont seulement tax-free s'ils sont pour consommation immédiate.

Voyageur: C'est le cas. J'invite quelques amis à un souper ce soir. Environ 150.

Official: Ah, oui. Et ils sont teetotallers ?

Voyageur: Les vins sont tax-free ?

Official: Un litre pour chaque personne.

Voyageur: Bon ! J'ai exactement 150 litres.

Official: Un litre pour chaque voyageur, non pas pour chaque ami.

Voyageur: J'ai dit 150 litres ? Silly moi ! Je voulais dire 1.50 litres ! Je dois payer le duty sur un demi-litre, alors.

Official: Oui, monsieur. Je vous souhaite bon appétit. et amusez-vous bien.

Voyageur: Oui, on va s'amuser bien ! . . . A propos, les drogues, elles sont tax-free ?

Official: Les drogues ? Comme cocaïne ?

Voyageur: Oui, exactement comme cocaïne.

Official: Non, les impositions sur les drogues sont *très* lourdes. *Très, très* lourdes. Pourquoi ?

Voyageur: Pour rien. Aucune raison. Curiosité, seulement. Au revoir.

Official: Au revoir, monsieur.

Où est la Plume de ma Tante?

Lui: Où est la plume de ma tante?

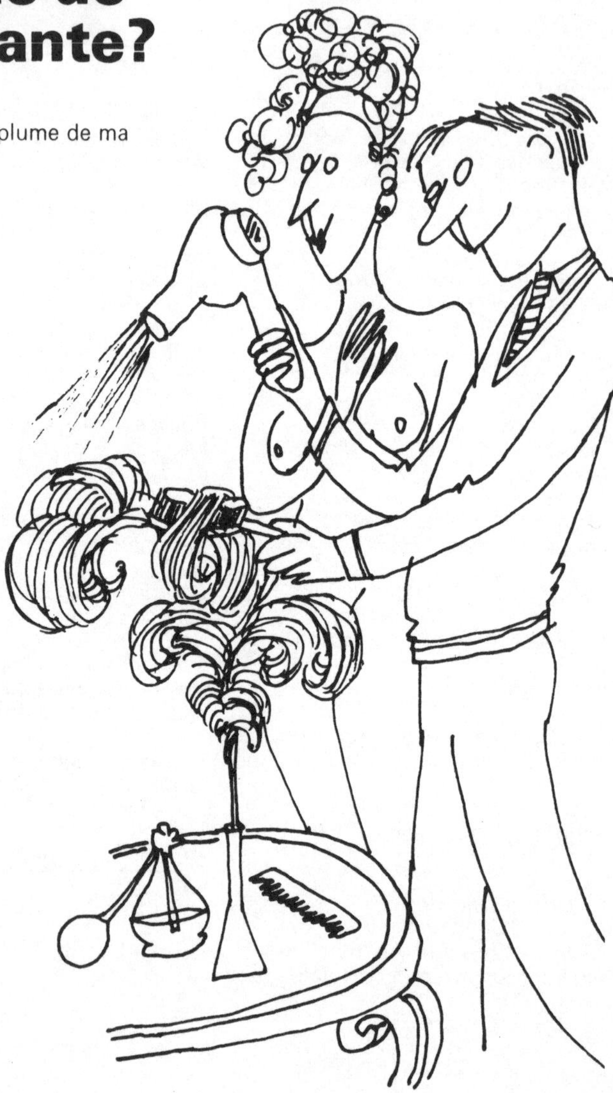

Elle: C'est un joke, ou quoi ?

Lui: Non, c'est for real. Tante Betty, qui vient manger notre TV dinner ce soir, m'a donné une plume à Noël. Un superslim exécutive fountain pen avec bleep.

Elle: Et ça marche ?

Lui: Non. C'est un ornamental fountain pen. Mais si Tante Betty vient nous voir, reste assurée qu'elle vient aussi voir sa plume. Donc, je demande : où est la plume de ma tante ?

Elle: Je parie que c'est la première fois dans l'histoire du monde que cette question ait été sérieusement posée.

Lui: Ah, non ! Vous vous souvenez de Tante Beryl ? Tante Beryl était dans show-biz. En 1950 elle était une Bluebell girl.

Elle: Vraiment ? J'adore les chemins de fer miniatures.

Lui: Non, c'était à Paris. Elle était une danseuse très glam, très leggy, très ooh-la-la.

Elle: Une strippeuse, en effet.

Lui: Oui. Elle avait cet acte sensationnel avec un ostrich feather.

Elle: Comme Rod Hull et Emu, quoi ?

Lui: Oui, mais moins intellectuel. Anyway, mon holiday job à Paris en 1950 était comme dresseur de Tante Beryl. C'était facile; elle portait *seulement* cette queue d'ostrich. Pendant le jour je soignais le feather : je lui donnais du grooming, du dry cleaning, de la maintenance, des running repairs, etc. Et puis, un jour affreux, le feather était missing ! Un stage-door Johnny l'avait volé comme souvenir ! Ma tante allait être *nue* !

Elle: Et tu as crié partout dans le théâtre : 'Où est la plume de ma tante ?' !

Lui: Ah. Vous connaissez cette histoire déjà ?

Elle: Non, pas du tout. Dis-moi, c'est vrai ?

Lui: Non, pas du tout. Une fabrication totale.

Elle: Ah ! Un moment ! Ta plume ! Maintenant je me souviens. A la weekend, chez Oncle Richard, j'admirais ses roses, et il m'a donné l'adresse de son nurseryman . . .

Lui: Oui ?

Elle: . . . et je t'ai dit : 'Donne-moi ta plume et je vais l'écrire . . .' Je l'ai laissée derrière l'oreille de son gnome.

Lui: C'est à dire : la plume de ma tante est dans le jardin de mon oncle.

Elle: Je parie que c'est la première fois dans l'histoire de l'univers que cette remarque ait été faite.

Lui: Mais non ! Vous vous souvenez de mon oncle Benjamin ? Qui est retiré à Kendal pour fabriquer un Kendal mint cake liqueur, 90% proof ? Eh bien, en 1948 il était à Damascus . . .

Au Super-market Check-Out

Cashgirl: Les 12 paquets de fresh-frozen Greek-style pitta bread, c'est à vous ?

Monsieur: Oui.

Cashgirl: Ils sont combien ?

Monsieur: Je ne sais pas. Le label est gone missing.

Cashgirl: DORIS ! C'EST COMBIEN, LE GREEK RUBBISH ?

Doris: 75p PER PAQUET.

Cashgirl: TA, CHERIE ! Le sac de fancy coffee sugar en trois couleurs, c'est à vous ?

Monsieur: Oui.

Cashgirl: 89p . . . 6 boîtes de kippers en huile edible, £1.60 . . . sac géant économie de marshmallow, avec libre toasting fork offer, £1.80 . . . sac vaste bulk discount de Hi-Energy Popcorn, Quatre Star, £4.24 . . . 8 boîtes de cocktail snails, £3.60—tenez ! Vous allez jeter un trendy party, ou quoi ?

Monsieur: Non.

Cashgirl: Oh. 24 cylindres de free-flow lavatory paper, £5.60—ah ! Je comprends maintenant. C'est un football supporter get-together.

Monsieur: Non.

Cashgirl: Hmm. DORIS, C'EST COMBIEN LES PETITS GREEN JOBS ?

Doris: 60p PER POT !

Cashgirl: MERCI ! Un gift-pak de gherkins, £1.80. Un slab de Kendal mint 'n' rhum après-huit chocolat, avec snapshot gratuit de Wastwater, 85p. Une boîte d'oeufs de plover, £130.

Monsieur: £1.30.

Cashgirl: Oops, ma mistake ! Un paquet de tunaburgers, £3.40. Une bouteille de dressing de mille îles, 46p . . . ah, I get it ! Vous assemblez un relief package très up-market pour les pauvres gens de Nicaragua ?

Monsieur: Non.

Cashgirl: Mmm. DORIS, C'EST COMBIEN L'UNDERWATER STUFF DE JAPON ?

Doris: 20p PER PAQUET !

Cashgirl: MERCI ! 3 bags de seaweed crackers, 60p. Alors, c'est tout ?

Monsieur: Excepté ce haggis.

Cashgirl: Haggis ? Oh, ça ! Je croyais que c'était votre handbag ! DORIS, C'EST COMBIEN L'OFFAL DE MOUTON ?

Doris: £2.10 !

Cashgirl: Bon. Ça fait £48.50. Maintenant, dites-moi la destinée de tous ces comestibles, pour l'amour de Mike.

Monsieur: C'est pour le musée de Victoria et Albert. Nous organisons une exposition: 'The 70s, the Disposable Decade—From Fast Foods to Fancy Fads'.

Cashgirl: Of course! C'est obvious quand vous savez.

Dans le Phone Box

Monsieur: Ah ! Opérateur ?

Opératrice: Quel numéro vous diallez ?

Monsieur: J'ai déjà perdu 20p.

Opératrice: En ce cas, il faut écrire une lettre au Département de 10p Rebates, PO Boîte 765, EC43. On vous donne un refund de 20p. N'oubliez pas un SAE.

Monsieur: Mais, bon Dieu, je veux téléphoner *maintenant* !

Opératrice: Insérez une autre pièce.

Monsieur: Je n'ai plus d'argent. Vous acceptez un chèque ?

Opératrice: Hmm. C'est très irrégulier, mais je vais vous donner une conversation gratuite. Quel numéro vous diallez ?

Monsieur: Munich 54983.

Opératrice: Munich ? Mais pour 10p vous avez seulement une seconde.

Monsieur: Je vais parler seulement une seconde. Je vais appeler Herr Meinertzog, un collègue de business, qui m'a invité au Munich Toy Soldiers' Fair. J'ai un petit factory qui produit les Household Cavalry absolument authentiques, mais c'est by the by. Anyway, je veux informer Herr Meinertzog que je ne peux pas visiter le Toy Soldiers' Fair.

Opératrice: En deux secondes ?

Monsieur: Oui. Je vais crier : 'Nein !'

Opératrice: C'est très, très irrégulier.

Monsieur: C'est très, très important.

Opératrice: OK, juste cette une fois . . . Je regrette, mais toutes les lignes au Continent sont engagées. Essayez plus tard, s'il vous plaît.

Monsieur: Chére madame, je ne peux pas essayer plus tard. Je suis déjà en retard pour un high-level merger talk avec Plastic Bandsmen de Hendon. Dites-moi, est-ce possible que vous pouvez téléphoner à Munich pour moi ?

Opératrice: Peut-être . . . oh, à propos. C'est l'anniversaire de mon neveu demain. Il adore les modèles de soldats. Est-ce que vous faites un Welsh Guard ?

Monsieur: Mais oui ! On fait le Welsh Guard en cinq couleurs à £1.39 ! Il marche, il questionne les suspects, et il fait le strikebreaking pendant une emergencie nationale. Nous avons aussi un modèle très populaire—le fainting parade guardsman.
Allo . . . Allo ? Oh, mon Dieu. *(Il dialle encore.)* Opérateur ?

Opérateur: Oui ?

Monsieur: Re votre ordre pour un Welsh Guardsman . . .

Opérateur: Pardon ?

Monsieur: Ah. Vous n'êtes pas la femme avec qui je parlais ?

Opérateur: Non. Je suis un homme.

Monsieur: Eh, bien, j'appelle Munich 54983 . . .

Une Visite à l'Hôpital

Visiteur: Bonjour, grand'mère. Comment ça va ?

Malade: Terrible.

Visiteur: Bon. Je vous apporte des bananes, une *Cosmopolitan* et une knitting pattern.

Malade: Je déteste les bananes.

Visiteur: Mais si, vous aimez les bananes. Comment sont les nurses ?

Malade: Elles sont rudes, ignorantes, étrangères et elles volent my belongings.

Visiteur: Mais non, elles sont wonderful. Elles ont un job sans merci.

Malade: J'ai lu cette *Cosmopolitan.*

Visiteur: J'ai beaucoup de news pour vous. Sandra a passé ses examens. Rod a cassé l'autre jambe, en hang-gliding. Et Len a été arrêté à Manchester.

Malade: Ne laissez pas les bananes là. Les nurses vont les voler.

Visiteur: Et Len a été arrêté à Manchester.

Malade: Je vous écoutais la première fois. C'est toutes les nouvelles ?

Visiteur: Eh, bien . . . oui.

Malade: Ce n'est pas beaucoup. Moi, j'ai du news, moi. Vous voyez l'homme à côté ?

Visiteur: Avec la tête en plâtre ?

Malade: On le traite pour fractures multiples. Mais il a seulement le pied d'athlète. Il proteste tout le temps. Mais il est Arabe, et ils ne le comprennent pas.

Visiteur: Il ne faut pas dire ces choses, grand'mère !

Malade: Et vous voyez cette vieille dame là-bas ? Qui est immobile ? Avec les six visiteurs ? Qui parlent tout le temps ? Mais elle ne parle pas du tout ?

Visiteur: Oui ?

Malade: Elle est morte.

Visiteur: Grand'mère !

Malade: Elle est morte depuis trois jours. Tout le monde sait. Sauf les nurses. Les nurses ne savent rien.

Visiteur: Il ne faut pas dire . . . C'est vrai. Elle a l'air un peu mort.

Malade: Merci pour la knitting pattern. Je vais la donner à Nurse Syronganaike. Elle accepte tous mes cast-offs. Sans doute elle les envoie à ses relations destitutes en Sri Lanka. Nurse!

Nurse: Oui, Mrs Threadgold?

Malade: Voilà des bananas pour les millions tragiques de Sri Lanka, une *Cosmopolitan* pour vos parents illitérés et une knitting pattern pour vous. By the way, je veux protester que Dr Barlow m'a molestée encore une fois dans le couloir.

Visiteur: Grand'mère, vous êtes impossible!

Nurse: Mais non, elle est la vie et l'âme du ward. Sans Mrs Threadgold, il serait très dull.

Visiteur: Je dois partir maintenant.

Malade: Prochaine fois, apportez un demi de Scotch et le nouveau Harry Potter.

Un Breakdown sur le Motorway

Motoriste: Ah ! Vous voilà ! Enfin !

Homme AA: Bonjour, guv. Mornin', tous. Quel glorieux jour, eh ?

Motoriste: Never mind that.

Homme AA: Et quel glorieux stretch du M23 vous avez choisi. Les fleurs ! Les couleurs !

Motoriste: Et les flaming carburetteurs ! Stuff les fleurs !

Homme AA: Ah. Votre carburetteur est flaming ? C'est sérieux, n'est-ce pas ?

Motoriste: Je ne sais pas, moi ! Je ne suis pas expert. Vous êtes l'homme AA, pas moi. Faites votre stuff.

Homme AA: Ah. Il y a un petit mistake. Je suis un homme AA, oui. Mais je ne suis pas Association Automobilière. Moi, je suis Alcoholiques Anonymeux. Mobile Motorway Temperance Patrol Unit à votre service, sir !

Motoriste: Bon Dieu !

Homme AA: Je m'appelle M. Une fois, je buvais 20 pints de bitter par jour, et six shorts. C'est beaucoup, pour un fireman. Ma famille m'a abandonné. Mon chien a fait semblant de ne pas me connaître. Même mes collègues m'ont accusé d'avoir le bad breath. Puis j'ai contacté l'AA et maintenant je mène une vie nouvelle. Et vous, monsieur, je vous implore de donner un kick au habit. Monter sur le wagon. Abandonnez le stuff dur !

Motoriste: Je suis un drinker tres modéré. Seulement un sherry à Noël.

Homme AA: Oh. Ah. En ce cas, je suis inutile ici. Au revoir.

Motoriste: Non, restez ! Pour l'amour de Mike, donnez un petit look à mon carburetteur.

Homme AA: OK . . . Où est-il, le carburetteur ?

Motoriste: Gordon Bennett ! Vous êtes plus amateur que moi.

Homme AA: Je n'aime pas beaucoup votre attitude. Vous n'êtes pas drinker en secret, par hasard ?

Monsieur: Non. Mais je donnerais beaucoup pour un quick one en ce moment.

Homme AA: Hmm. J'ai une petite réserve dans mon van pour les hard cases. Un petit gin et tonic ?

Monsieur: Super. *(Soudain, un van RAC arrive.)* Hourah ! C'est la 7ème Cavalerie au nick de temps !

Homme RAC: Bonjour, tout le monde. Royal Academy de Choreography à votre service. Je cherche des recruits.

Motoriste: Ah non, ah non, ah non . . .

Homme AA: On lance un party impromptu. Vous prenez un petit quelque chose ?

Homme RAC: Je ne dirais pas non.

Le First Aid

Lui: Vite ! Viens ! Au secours ! Mayday !

Elle: Mmm ?

Lui: Non, mais viens, mais ne sois pas un twit ! C'est une émergencie !

Elle: Pas de kidding ?

Lui: Je me suis coupé avec le corkscrew ! Regarde le sang ! Je suis un steak saignant.

Elle: Et un bébé. Préserve ton cool.

Lui: Applique un tourniquet. Appelez 999. Inscris-toi à BUPA. Mais fais quelque chose !

Elle: OK, OK, j'apporterai la boîte de first aid . . .

Lui: Il y a des bandages, et du lint, et une miniature de cognac ?

Elle: Attends un moment . . . elle est pleine de bric-à-brac . . . Tiens ! Tu te souviens de nos vacances de '76 ? Quand il y avait la plague de poissons de jelly à Bridlington ? Nous avons toujours la tube de repellent pour jelly-fish, sharks, lobster Homard et autres fruits de mer.

Lui: Je n'ai pas été attaqué par une écrevisse sauvage. Je perds le sang ! Je suis un drawing-room motorway victim !

Elle: OK, OK, je cherche . . . C'est pour quoi, le Tertastegmycil ?

Lui: Je ne sais pas. Pourquoi ?

Elle: Nous avons une bouteille de 140 Tertastegmycil. Ils sont des pilules oranges et mauves. Un peu comme des depth-charges. Il dit : 'Trs fs par jour. Chew thoroughly. *Ne donnez pas aux enfants.*' Pour l'ear-wax ? Le snake-bite ? Qui sait ?

Lui: Look. Je suis un homme condamné. Je saigne comme un cochon. Je ne veux pas de pilules. Donne-moi le soin intensif !

Elle: Bon. Mets ce thermomètre dans la bouche.

Lui: Mais . . . greungh . . . !

Elle: En cas de doute, prenez la température. C'est ma grand' mère qui me l'a dit.

Lui: Frououngh . . .

Elle: Et ne mange pas le thermomètre. C'est fatal, le mercure. C'est *You and Yours* qui m'a dit cela. Curieusement, le ground glass n'est pas fatal. Donc, on peut manger un thermomètre, mais ne pas le boire. C'est merveilleux, le radio.

Lui: Meeungh . . .

Elle: Voyons. Là, là, là ! Tu as une température de 32°. C'est bien différent de 98.4°. Tu es mort, je crois.

Lui: C'est Centigrade.

Elle: Mmm. En ce cas, tu es bien normal. Reste chez toi pour un couple de jours, et tu seras OK comme la pluie.

Lui: Mais le bleeding ! !

Elle: Quel bleeding ?

Lui: Ah. Oui. Oh, tu as raison. Il a cessé. Je ne saigne plus.

Elle: Très bien. Next please.

Le Training Olympique

1er Athlète: Aagh ! Eugh ! Ouf !

2ème Athlète: Que faites-vous là ?

1er Athlète: Je fais le training Olympique. Greuggh ! Yecch !

2ème Athlète: Ah, moi aussi. Pour quel event vous compétez ?

1er Athlète: Je ne sais pas encore. Le 1,500 metres, peut-être. Ou le 5,000. Ou le 10,000.

2ème Athlète: Running ? Ou swimming ?

1er Athlète: Peut-être. Je ne sais pas encore. Et vous ?

2ème Athlète: Oh, moi. Je fais l'espadrille, c'est tout.

1er Athlète: Espadrille ?

2ème Athlète: Oui. Fencing. Il y a épée, foil, sabre et espadrille.

1er Athlète: Je pensais qu'une espadrille était un rope beach shoe.

2ème Athlète: C'est possible. Il y a un event pour toute chose dans l'Olympique moderne, même les rope beach shoes. Espécialement si c'est un rope beach shoe Adidas.

1er Athlète: Vous trainez beaucoup ?

2ème Athlète: Seulement 16 heures par jour. Je ne veux pas être stale. Et vous ?

1er Athlète: Oh, vous savez.

Je punis mon corps jusqu' à l'agony barrier. Je torture chaque fibre de mon being. Le normal, quoi. Pour le Bridge team.

2ème Athlète: Vous êtes une sélection pour le team de Britain?

1er Athlète: Mais non, mais non! J'ai refusé! Cela ruinerait mon programme. Je veux être à mon peak pour les Olympiques.

2ème Athlète: D'Athènes?

1er Athlète: Mais non!Pour 2008. Et vous?

2ème Athlète: En 2008, je ne sais pas si je compète pour le basket ball *ou* le free-style kntting *ou* le Greco-Roman.

1er Athlète: Wrestling?

2ème Athlète: Sculpture. L'autre jour, j'ai battu *Le Penseur* de Rodin avec deux submissions et un fall, mais c'était dur. Dites-moi . . . vous prenez les drugs?

1er Athlète: Les drugs? Un peu d'aspirine. J'ai une migraine féroce.

2ème Athlète: Non, non, les superdrugs body-building de Bulgarie. Les diaboliques steroides.

1er Athlète: Oui, bien sûr. Mais cela me donne une supermigraine. Eh bien, bonne chance dans le men's espadrille.

2ème Athlète: Men's? Mais je suis une femme! Male cochon chauviniste!

1er Athlète: Moi aussi, je suis une femme. C'est seulement que je ne me suis pas rasée aujourd'hui.

2ème Athlète: Ah, Alors, bonne chance.

Dans le Shoe Shop

Salesman: Oui, monsieur?

Monsieur: Je cherche une paire de souliers.

Salesman: Vous cherchez des shoes? Mais quelle coincidence extraordinaire! Vous êtes dans un shoe shop! C'est votre lucky jour, m'sieu.

Monsieur: Je cherche une paire de tough, pas-de-nonsense, waterpruf brogues.

Salesman: Mais quelle coincidence fantastique! Les tough all-weather brogues, c'est exactement ce que nous n'avons pas en ce moment.

Monsieur: Eh bien, c'est combien les souliers à la fenêtre? Les slip-ons avec real leather laces?

Salesman: Ils sont £99.99.

Monsieur: Oh. Et les casual slip-offs avec real brown colouring?

Salesman: Ne les achetez pas, monsieur. Ils sont des imitations espagnoles sans qualité. Ils sont rubbish. C'est du cardboard en forme de soulier. Ils sont £66.66.

Monsieur: Mon Dieu!

Salesman: Si monsieur me dit ce que monsieur désire, je peux aider monsieur, peut-être, monsieur.

Monsieur: Eh bien. Les souliers sont très chers maintenant. Donc je veux . . . je veux acheter *une* paire seulement pour *toutes* les occasions.

Salesman: Ah! Je comprends. Vous cherchez les souliers all-purposes?

Monsieur: Oui.

Salesman: Vous cherchez une paire de casuals très tough, versatile, élégant, butch, convenable pour le Chelsea disco et pour le Désert de Gobi?

Monsieur: Oui!

Salesman: Cela n'éxiste pas.

Monsieur: Oh.

Salesman: Mais . . .

Monsieur: Oui!

Salesman: J'ai une surprise ici. Regardez.

Monsieur: Ce sont des chaussettes.

Salesman: Oui, mais ils sont des socks avec une différence. Ils sont *lace-up socks*!

Monsieur: Lace-up socks?

Salesman: C'est un concept totallement novel. Ils sont des socks très toughs, très machos, très présentables, *qui rend les souliers obsoletes*! Avec ces socks, pas de souliers! C'est un package deux-dans-un. C'est un breakthrough fantastique. Des socks en leather! Des souliers qu'on peut coucher dedans!

Monsieur: Et c'est combien?

Salesman: £199.99.

Monsieur: Non, merci.

Salesman: OK, monsieur. Au revoir, monsieur.

Dans le Record Shop

Client: Bonjour. Avez-vous *Heavy Dreams*?

Shopgirl: C'est none of your business, monsieur.

Client: Non, c'est un disque.

Shopgirl: Ah. Dans Le Top Quarante?

Client: Non.

Shopgirl: Oh. C'est un chart-climber? Un chart-faller? Un disco-miss? Un Mouldy Oldy?

Client: Ni l'un, ni l'autre. C'est un album, par Plastic Stucco Facade avec le New Brunswick Symphony.

Shopgirl: C'est Rock, Pop, Mid-Route, Folk, Jazz, Shows, C & W, Cockney-Rock, Crossover, Soundtrack, Hard Shoulder, Cheapjack, One-Hit, Vox Pop, Greatest Hits ou Remainder Bin?

Client: Je ne sais pas. Plastic Stucco Facade sont un East End group.

Shopgirl: Ah, c'est Dock-Rock.

Client: Mais le New Brunswick est un orchestre.

Shopgirl: Ah, c'est Schlock-Dock-Rock.

Client: Vous avez un Schlock-Dock-Rock rack?

Shopgirl: Non.

Client: Dommage. Alors, je cherche aussi *Can't Start Lovin' You* par les Disco Brakes.

Shopgirl: C'est dans le Black-Bloc-Tick-Tock-Shock-Rock Bin.

Client: Je n'aime pas l'onomatopoie. Avez-vous tout simplement Symphonie No. 38 de Mozart?

Shopgirl: Par qui?

Client: Par Mozart.

Shopgirl: C'est un groupe?

Client: Non, le groupe, c'est le BBC Symphony Orchestra.

Shopgirl: Radio 1 ou Radio 2?

Client: Radio 3.

Shopgirl: Ah. C'est dans le Bach-Brecht-Rock rack.

Client: Où c'est?

Shopgirl: Dans notre branche à Ealing.

Client: Bon Dieu. Avez-vous *Lullaby of 'ammersmith Broadway*?

Shopgirl: Par qui?

Client: Ian Dury, of course.

Shopgirl: Ian Dury est old-time. Il est Nostalgia-Rock. Il est Last-Year's-Layabout. Il est dans le Discontinued Bin.

Client: Et où est le Discontinued Bin?

Shopgirl: Avec les dustmen, of course.

Client: OK. Donnez-moi No. 1 dans le Top Quarante.

Shopgirl: Voilà.

Client: Merci.

Le Channel Swim

Coastguard: Bonsoir, madame.

Madame: Bonsoir, monsieur.

Coastguard: Vous prenez un midnight dip? C'est très tard.

Madame: Un dip? J'ai fait le crossing de Folkestone! J'ai passé 36 heures dans l'eau.

Coastguard: Pour un dip, c'est un dip.

Madame: Maintenant je suis exhausted, mais très, très, très heureuse.

Coastguard: Ah—c'est un record-breaking swim?

Madame: Mais oui! Je suis la première grand'mère à faire le Channel swim.

Coastguard: Ah non. Je regrette. C'est Madame Treadgold en 1967. Elle avait deux charmants petits-fils, Gary et Barry. Je m'en souviens bien.

Madame: Eh bien, je suis la seule double-divorcée qui ait jamais fait le Channel swim.

Coastguard: Non plus. C'est Madame Jakovits de California, en 1971. Non seulement elle était double-divorcée, mais ses deux ex-maris ont nagé avec elle. Un spectacle touchant.

Madame: Oh. Eh bien, du moins je suis la seule sub-librarian de Swindon qui ait jamais fait le Channel swim, j'en suis sûre.

Coastguard: Madame, je suis désolé de vous dire autrement mais en 1975 il y avait une Mademoiselle Widderspoon qui est arrivée ici de Dover, avec un joli petit breaststroke. Je crois bien qu'elle était une employée de Swindon Central Library. Elle m'a donné même deux free non-fiction tickets, tenez regarder.

Madame: Julie Widderspoon? Cette petite layabout? Je ne savais pas qu'elle avait . . .

Coastguard: Oui. Comme preuve, elle a laissé ce lipstick.

Madame: Lipstick?

Coastguard: Oui. Elle était la première woman qui ait traversé le Channel en full make-up.

Madame: Petite tramp.

Coastguard: A propos, vous avez un passeport?

Madame: Non. Il est dans le rowing-boat qui n'est pas encore arrivé.

Coastguard: Dommage. Sans un passeport je ne peux pas vous laisser entrer en France. Et ce superswimsuit et ces goggles que vous portez . . .

Madame: Oui?

Coastguard: . . . Vous les avez achetés en France?

Madame: Non.

Coastguard: Donc, cela porte un impôt de 40% VAT.

Madame: Mais . . . je n'ai pas de small change . . .

Coastguard: Tant pis. Il faut rentrer à l'Angleterre.

L'Addition, S'il Vous Plaît

Dineur: Garçon!

Garçon: Oui, monsieur ? Monsieur désire encore quelque chose ? Du café, un cognac, un liqueur ?

Dineur: Non, merci.

Garçon: Cigare, snuff, Extase Turquoise ? Seconds de pudding ?

Dineur: Non, non, Seulement l'addition.

Garçon: Voilà !

Dineur: Hmmm. *(Il scrutine la statistique compliquée. Il prend son calculateur de sa poche. Il couvre la nappe de chiffres. Il se gratte la tête.)* Garçon !

Garçon: Oui, m'sieu.

Dineur: Cette addition obéit à des lois de mathématique que je ne connais pas. J'ai mangé : 1) un hors d'oeuvre varié, sans beaucoup de variation, si j'ose dire, à 95p 2) un bifteck rare à £2.30 3) du fromage à 60p. Avec 4) une demi-bouteille de vin rouge à £1.50. Ça fait, selon moi, et selon mon calculateur National Panasonic, £5.55. Selon votre addition, ça fait £12.30. Expliquez-moi ça.

Garçon: De tout mon coeur, m'sieu. Voilà ! 60p, c'est pour le couvert.

Dineur: 60p ? Pour ce petit roll ?

Garçon: Non, monsieur. Le roll est extra.

Dineur: Great Diners Card.

Garçon: En plus, il y a £1.10 VAT, £1.00 service, 5% pudding surcharge . . .

Dineur: Moment, moment ! Je n'ai pas pris un pudding !

Garçon: Oui, m'sieu. C'est pour les personnes qui ne prennent pas le pudding qu'on fait un pudding surcharge. Puis, un 5% oil-crisis surcharge . . .

Dineur: Il y a une crise de huile d'olive ?

Garçon: Non, m'sieu. C'est pour couvrir l'augmentation des prix de heating et reheating.

Dineur: Dans un menu d'hors d'oeuvre froid, steak rare et fromage, il n'y a pas beaucoup de heating.

Garçon : On ne peut pas distinguer entre les repas froids et les repas chauds. Cela faudrait trop de temps. Sans doute, il y aurait un 5% calculation surcharge.

Dineur: Passons.

Garçon: Finalement, le 50p charge pour réservation de table.

Dineur: Ah ! Je vous attrape enfin ! Je n'ai pas réservé une table ! J'ai pris pot luck.

Garçon: Pardon, m'sieu. Je vais changer l'addition.

Dineur: Mais . . . mais vous avez ajouté 30p extra !

Garçon: Oui, m'sieu. C'est pour les gens qui ne réservent pas. Pour nous, c'est beaucoup de hassle si vous ne réservez pas.

Dineur: La prochaine fois, j'apporterai ma propre table.

Garçon: Bonne idée.

Early Posting pour Noël

Monsieur: Je veux envoyer une carte de Noël aux Iles de St Pancras.

Clerc: Où ?

Monsieur: Les Iles de St Pancras.

Clerc: Où c'est ?

Monsieur: Dans la Pacifique. C'est pour mon frère. Il est le Gouverneur-Général.

Clerc: Grand job, eh ?

Monsieur: Pas vraiment. Il est aussi lance-corporal dans les Guards. C'est un posting temporaire.

Clerc: Hmm . . . c'est trop tard. Dernier posting pour Noël dans la Pacifique, c'était le 10 octobre.

Monsieur: Oui, mais si je l'envoie Express Delivery Special . . .

Clerc: Même chose. Le bâteau de poste de Noël, *HMSGPO Fragile,* est parti le 10 octobre. S'il est Gouverneur-Général, pourquoi pas le mettre dans le sac diplomatique ?

Monsieur: Eh bien, parce que la carte est un peu risquée . . .

Clerc: Vous pouvez envoyer un télégramme de Noël.

Monsieur: C'est combien ?

Clerc: Pour la Pacifique . . . £645.

Monsieur: C'est beaucoup.

Clerc: Pour le hiring d'une helicoptère, ce n'est pas beaucoup. C'est même un loss-making service. Pourquoi pas trouver dix autres blokes avec des frères aux Iles de St Pancras et partager les expenses ?

Monsieur: Mon frère est la seule personne là, avec l'exception des natifs, et une missionnaire.

Clerc: Hmm . . . Ah ! J'ai une idée. Envoyez la carte en Australie et marquez-la 'Forward S'il Vous Plaît' !

Monsieur: Bon. Mais à qui en Australie ?

Clerc: Vous n'avez pas de frère là ?

Monsieur: Non.

Clerc: Moi non plus. *Il y a quelqu'un ici avec une relation en Australie* ?

Madame: J'ai une soeur en Auckland.

Clerc: Parfait. Vous permettez que ce monsieur lui envoie une carte ?

Madame: C'est un peu forward.

Clerc: Exactement ! C'est pour le

forwarding aux Iles de St Pancras.

Madame: Dis donc ! J'ai une soeur aux Iles de St Pancras. Elle est missionnaire.

Monsieur: Non ! Mais c'est mon frère qui est le Gouverneur-Général !

Madame: Non ! Le beau Fred ? Tiens ! Quel petit monde !

Clerc: Allons, allons, on n'a pas tout le jour. Next please.

Le Job Interview

Manager: Vous êtes M. Dobbs ?

Candidat: Oui.

Manager: Vous avez beaucoup d'expérience ?

Candidat: Oui. C'est mon 15ème interview cette semaine.

Manager: Hmm. Et pourquoi vous voulez travailler pour Maypole Communications ?

Candidat: La sécurité. La niche. Un billet.

Manager: Un billet ? Quelle sorte de billet ?

Candidat: Un billet cushy.

Manager: Hmm. Que pensez-vous de Maypole Communications ?

Candidat: Je ne sais pas. Qu'est-ce qu'ils produisent comme produit ?

Manager: Je regrette, M. Dobbs, mais cet interview va très mal pour vous.

Candidat: Oh Lord. Donnez-moi une seconde chance, squire.

Manager: OK. Vous êtes M. Dobbs ?

Candidat: Oui. Et j'ai beaucoup d'expérience. Et j'approuve le market image de Maypole.

Manager: Bon. Et pourquoi vous voulez travailler pour Maypole ?

Candidat: Eh bien, j'ai cet ami qui travaille pour Maypole et il dit qu'il est terrifique ici.

Manager: Bon. Terrifique en quel sens ?

Candidat: Pour les perks, et le long lunch, et les secrétaires qui sont oh so willing, savez ce que je veux dire, nudge nudge.

Manager: Vos prospects d'emploiement ici ne sont pas promising.

Candidat: Donnez-moi une dernière chance. Je suis sur mes uppers.

Manager: C'est votre chance *finale* . . . Vous êtes M. Dobbs ?

Candidat: Oui, et j'ai beaucoup d'expérience avec les conference facilities, et je n'aime pas les business perks, et je travaille pendant le déjeuner, et j'ai cinq ball-points.

Manager: Bon. Et pourquoi vous voulez travailler pour Maypole ?

Candidat: Parce que Maypole est un thrusting newcomer dans le champ de conference facilities, et votre approche audio-visuelle est le talk de la ville.

Manager: Bon. De quelle ville ?

Candidat: De Watford ?

Manager: De Woking.

Candidat: De Woking !

Manager: Très bon. Vous êtes exactement le go-ahead personal assistant que je cherche. Vous pouvez commencer lundi—ah non, lundi, j'ai un long lunch avec ma secrétaire. Mardi—non, mardi, je joue au golf. Mercredi, c'est un business trip à Lords... jeudi, Miranda . . . hmm. Dites—revenez dans une semaine, et je vous donnerai un autre interview.

L'Autographe

Fan: Excusez-moi . . .

Célébrité: Oui ?

Fan: . . . mais je suis à une table ici avec trois amis, et nous sommes grands fans de votre TV show, qui est superbe, et un ami croit que vous êtes Des O'Connor et un autre insiste que vous êtes Val Doonican, mais moi et l'autre, nous jurons que vous êtes Justin Blake.

Célébrité: Eh bien, c'est vous qui avez raison. Je suis Justin Blake.

Fan: Fantastique ! *Le* Justin Blake ! Blimey, ma femme sera jalouse . . . ! Justin Blake, dans le même restaurant . . . Vous êtes très petit.

Célébrité: Eh bien, je ne suis pas un géant.

Fan: Non, mais sur le box vous avez l'air très grand. Etes-vous sur un pedestal quand vous chantez ?

Célébrité: Look . . .

Fan: Never mind. Seulement, pouvez-vous signer ce menu pour moi ? A vrai dire, ce n'est pas pour moi.

Célébrité: C'est pour votre fille ?

Fan: Non, c'est pour mon accountant. Il est un grand fan de votre show.

Célébrité: Bon. Voilà. 'Meilleurs regards de Justin Blake.'

Fan: Et si vous pouvez écrire 'A Ziggy Berger, le top accountant de Londres'.

Célébrité: Voilà.

Fan: Et maintenant, un menu pour ma femme.

Célébrité: Look . . .

Fan: Ce n'est pas beaucoup à demander. Simplement 'A la meilleure femme du monde'.

Célébrité: C'est un peu fort.

Fan: Vous ne croyez pas qu'elle est la meilleure femme du monde ?

Célébrité: Si, mais . . .

Fan: Alors, signez. By the way, on a une branche de la Square Table à Cricklewood—j'habite à Cricklewood, eh bien, c'est Hendon, really—et chaque mois il y a un dîner. Si vous pouvez . . .

Célébrité: Look. J'essaie a manger mon déjeuner. Je suis très busy. Je vous ai donné deux autographes. Si vous voulez écrire à mon agent . . .

Fan: Ah. Typique. C'est comme ça, les célébrités. Ils ne veulent pas savoir. Ils habitent sur un nuage. Vous êtes sur Nuage No 9, vous savez ? Moi, le public, c'est rien. Quand je dis à ma femme ce que vous êtes vraiment, elle ne le croira pas. Une grosse tête. Un snob.

Célébrité: Look . . .

Fan: C'est la dernière fois que je regarde votre show, mate. Le dwarf chanteur avec la grande tête. C'est incroyable. Au revoir, et merci pour rien.

Le Cockney Slang Rimant

Salesman: Mesdames ! Messieurs ! Vous ne le croirez pas ! J'ai ici un service de dîner qui contient 40 morceaux, oui, 40, fabriqué par Royal Doulton, so-called parce qu'ils fabriquent aussi les WCs pour Buck House, avec 8 grandes assiettes pour vos steak dinners, 8 petites assiettes pour le toast Melba, so-called parce que toast Nellie est un nom stupide, et 8 très petites assiettes pour vos Après-Huits. Et ce service de dîner coûte—je dois être fou—coûte seulement £30 ! ! OK, qui va acheter ? (*Silence*) Blimey, vous êtes tous sourds ? OK, OK, pas £30. Le prix est un Napoléon.

Madame: Un Napoléon ?

Salesman: Oui, Napoléon. Le bloke qui a manqué le train à Waterloo.

Madame: Je sais. Mais un Napoléon n'est pas legal tender.

Salesman: Amazing, n'est-ce pas ? Vous êtes de Mars ou something ? Napoléon est slang rimant. Napoléon Buonaparte. Boney. Un pony. 25 livres.

Madame: Ah.

Salesman: Vous achetez ?

Madame: Non, merci.

Salesman: Dieu blimey. Qui va acheter ? Chaque assiette porte une peinture originale différente ! De Londres, de Rome et de Jean-Paul.

Madame: Jean-Paul ? Où ça ?

Salesman: Jean-Paul. Jean-Paul Sartre. Montmartre. Venez, venez, dames, sieurs, un offer pas à répéter, le bargain de la vie ! Normalement je charge £10 seulement pour le général !

Madame: . . . ?

Salesman: Général. Général de Gaulle. Bowl. Et toute chose est fabriquée d'un matérial miracle, le polyproplyporcelain ! Cela ne se casse pas, on peut le laisser tomber, regardez, je laisse tomber le bateau de gravy . . . *(Crac)* Ah. Eh bien, faut pas pleurer sur le gravy perdu, qui veut ce 39-morceau service, à £20 c'est une Brigitte !

Madame: Brigitte ? C'est Brigitte Bardot ?

Salesman: On peut rien cacher

de vous, madame. C'est en effet Brigitte Bardot.

Madame: Et cela rime à quoi ?

Salesman: Bardot, cadeau, un gift.

Madame: Bardot ne rime pas à cadeau, pas strictement.

Salesman: Vous avez une idée supérieure ?

Madame: Oui. Brigitte Brophy. Trophie. Votre service est une trophie.

Salesman: Look, je ne suis pas ici pour discuter . . . crikey, voici la Côte ! Au revoir !

Madame: Côte ? Côte d'Azur ? Mur ? Côte d'agneau ? L'eau ?

Gendarme: Bonjour, madame . . .

Madame: Ah ! Côte d'or—law !

Gendarme: Pardon ?

Dans l' Ascenseur

Liftman: Vous montez? Vous descendez?

Passager: Je monte. Le premier étage, s'il vous plaît.

Liftman: Ah. Je regrette. Nous n'avons pas un premier étage.

Passager: Pas de first floor? Mais ce n'est pas un bungalow!

Liftman: D'accord. C'est le HQ du monde de publishing, le célèbre Writer's Block.

Passager: Alors, vous avez beaucoup d'étages.

Liftman: Oui. Mais pas le premier étage. Nous avons seulement le Mezzanine, et l'Upper Ground.

Passager: Ah. Donnez-moi l'Upper Ground.

Liftman: L'Upper Ground ne marche pas. Faut monter au Second, puis trouver l'escalier, puis redescendre à l'Upper Ground. Qui cherchez-vous?

Passager: L'Anglo-Caribbean Book Corporation.

Liftman: Ils ne sont pas ici.

Passager: Mais si! J'ai une lettre ici, de M. Nelson Sobers Mckinley.

Liftman: Petit bloke noir, en pin-stripe, avec un grand Afro?

Passager: Sans doute.

Liftman: Il est parti la semaine dernière. Il a vamoosé. Pris une poudre. Il a fait le skedaddle. Il a pris l'Anglo-Caribbean thingy avec lui.

Passager: Comment savez-vous?

Liftman: Il me l'a dit. 'Bye, maintenant,' qu'il m'a dit. 'Je prends un bateau de bananes à dat island in de soleil. Nous recevons l'independence, et je suis front-runner pour la poste de Premier Ministre. Adieu les livres! Farewell, la poésie ethnique et bonne riddance!'

Passager: Mon Dieu. J'ai une lettre très importante pour lui.

Liftman: Je lui dis, 'Et s'il y a des lettres pour vous?' Et il m'a dit, 'Gardez-les, M. le liftman. C'est vous maintenant qui êtes le Chairman honoraire de l'Anglo-Whatsit.'

Passager: Vous . . . vous êtes chef de . . . ?

Liftman: Oui. On peut m'écrire ici chez Le Lift, Writer's Block House, W1. Vous pouvez dire que j'ai un bureau à chaque étage! Petit joke.

Passager: Eh bien, voici la lettre. C'est un chèque du Conseil des Arts pour £40,000. Pour soutenir la culture Caribbéenne.

Liftman: Tiens, c'est gentil. Très chic. Merci.

Passager: Mais c'est exclusivement pour la culture Ouest-Indienne.

Liftman: Naturellement. Je vais commencer par rénover l'ascenseur. Tapis, peinture, name-plate de bronze, etc. Puis je vais faire un field-trip en Jamaïque.

Passager: Bon. Au revoir.

Un Nip dans l'Air

1er Monsieur: Il fait nippy ce matin.

2ème Monsieur: Oui. Il fait parky ce matin.

1er Monsieur: Oui. Pas exactement ce qu'on appelerait chaud.

2ème Monsieur: Non. Une touche de frost, je crois.

1er Monsieur: Oui. Surtout dans les suburbes. Le forecast l'a dit.

2ème Monsieur: L'été a fini maintenant.

1er Monsieur: Oui. Et l'automne a commencé.

2ème Monsieur: Well, c'est ça, n'est-ce pas? On voit le drawing-in des soirs.

1er Monsieur: Oui, c'est le drawing-in des soirs. Et les jours qui deviennent plus courts.

2ème Monsieur: Absolument. Quand je me lève pour le news à 7 heures, c'est presque dark!

1er Monsieur: Marquez-vous, l'été était rotten. Pluie, pluie, pluie.

2ème Monsieur: Marquez-vous, septembre était superbe.

1er Monsieur: Oui. Mais il fait chilly ce matin.

2ème Monsieur: Oui. Il n'y a pas de chaleur dans le soleil.

1er Monsieur: Oui. C'est ce weekend qu'on a le put-back des clocks?

2ème Monsieur: Non. C'est le weekend passé.

1er Monsieur: Ah. C'est pour ça que j'arrive en retard chaque soir chez moi!

2ème Monsieur: Well, c'est ça, n'est-ce pas?

1er Monsieur: Il sera peut-être un beau jour plus tard.

2ème Monsieur: Non. Le forecast a dit: 'Un jour damp et raw.'

1er Monsieur: Oh. Il sera peut-être un beau hiver plus tard.

2ème Monsieur: Non. Le forecast longue-range a dit: 'Un hiver tough et mean, avec neige brutale et mille crocus morts.'

1er Monsieur: Vous avez mis de l'anti-freeze dans votre engine?

2ème Monsieur: Non. Vous avez fait le lagging, et le double-glazing, et le booking du ski-vac, et le Christmas shopping?

1er Monsieur: Non.

2ème Monsieur: Moi non plus. Mais j'ai fait le lagging pour le crocus.

1er Monsieur: Et moi, j'ai fait le send-away pour une offre dans

le *Radio Times:* 'Six paires de Mittens Shetland-style—garantie de Missing Fingers! Seulement £45! Edition Limitée! Item de Collecteur!'

2ème Monsieur: Well, c'est ça, n'est-ce pas? Brrr, il fait froid ce matin.

1er Monsieur: Oui, ce n'est pas le temps pour un singe de cuivre! Ah, voilà mon bus.

2ème Monsieur: Au revoir.

1er Monsieur: Au revoir.

Le Babycare

Bébé: Aaaaugh!

Père: Le bébé crie.

Mère: Ce n'est pas un bébé—c'est Tarquin.

Père: OK, OK. Tarquin pleure.

Mère: Je sais. C'est normal.

Père: Mais s'il pleure, c'est un symptôme! Il veut exprimer sa déprivation! Il essaie de communiquer quelque chose. C'est son premier effort à marketing strategy.

Mère: Il est fatigué, voilà tout.

Bébé: Wa-a-augh!

Père: Ecoute! Il a dit son premier mot!

Mère: Hein?

Père: Il a dit, très clairement, 'Waugh'.

Mère: Mon Dieu. Pour un bébé érudit, c'est un bébé érudit. Est-ce qu'il veut dire Evelyn ou Auberon?

Père: C'est un curieux nom pour un homme, Evelyn. Un peu camp, même.

Mère: Auberon, c'est également bizarre. Il était roi des fairies, n'est-ce pas?

Père: Qui? Auberon Waugh?

Mère: Non. Oberon.

Père: Curieux. Un père qui avait le nom d'une femme, et un fils qui . . .

Mère: Chut! Les lois de libel, tu sais.

Père: Oui. Tu as raison.

Bébé: Ma-a-aann!

Père: Tiens! Son second mot! Il a dit, très clairement, 'Mann'.

Mère: Thomas ou Heinrich?

Père: Thomas, j'espère. *La Mort à Venise,* j'ai trouvé ça très chic.

Mère: Mais c'est encore un peu camp. I mean, Dirk Bogarde et ce jeune lad . . .

Père: Mon Dieu! Ce n'est pas le market strategy! C'est un cri pour help! Tarquin essaie de nous dire . . .

Mère: . . . qu'il déteste le nom Tarquin.

Père: Moi aussi, je le trouve un peu last-year. Le trend maintenant, c'est pour les noms courts. Comme Ben, Tom, Sam . . .

Mère: Tiens! Il sourit.

Père: Qui?

Mère: Sam.

Père: Notre bébé? Tu changes son nom?

Mère: Oui. Je préfère Sam. Tu

veux le régistrer demain, Oliver ?

Père: OK . . . tu sais, je n'ai jamais aimé le nom Oliver. Tu crois, peut-être . . . Bill ?

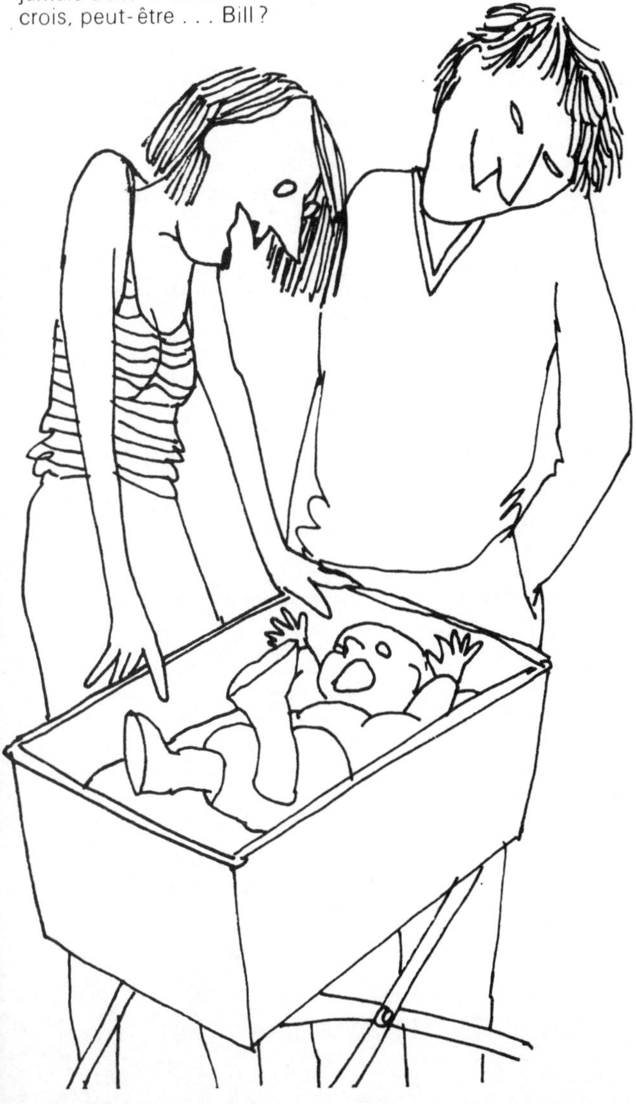

Le Porte-à-Porte Salesman

Salesman: Bonjour, madame. Dieu vous sauve.

Madame: Merci, mais . . .

Salesman: Mais marchez-vous avec Jésus ? Etes-vous vraiment sauvée ?

Madame: Ah ! Vous êtes un témoin de Jéhovah. Non merci, pas aujourd'hui. J'ai le cleaning et le cooking et apres ça ma course d'Université Ouverte en philosophie.

Salesman: Non, madame, je ne suis pas un nutter religieux. Pour moi, la religion est à laisser ou à prendre. Mais par une coincidence amazing, j'ai une petite encyclopédie philosophique, en douze volumes, il n'y a rien à payer, seulement signez ici . . .

Madame: Non, merci.

Salesman: Et vous avez raison ! Les encyclopédies sont un waste de time. La chose importante est l'argent. Et comment augmenter votre income ? C'est facile ! Si vous devenez une agente des produits d'Avon . . .

Madame: Non, merci. J'ai déjà quatre tyres parfaits.

Salesman: Nice one, madame ! Vous êtes une naturelle ! Vous serez en grande demande comme after-dinner speakerine. Mais, pour perfectionner votre patter et obtenir une smash-hit routine, pourquoi pas joindre la Correspondence Course de Comédie dont, par pure fluke, j'ai la forme d'enrolment ici ?

Madame: C'est inutile. Mon mari est un toastmaster.

Salesman: Et pour lui, madame, j'ai juste la chose. Un matching set de goblets de vin, en real glass, pour ce moment embarrassant quand il dit 'Up les verres !' et il y a quelque poor bloke qui n'a pas son verre.

Madame: Hmm. Je ne sais pas. Mon mari est à Doncaster aujourd'hui.

Salesman: Jolie petite ville ! Mais avec un one-way system terrible. Maintenant, plus que jamais, il faut avoir le AA Guide à City Snarl-Ups. Dans les magasins, £4.50 : pour vous, £3 down et cinq instalments faciles !

Madame: Il prend toujours le train. C'est moi qui aî la voiture.

Salesman: Avec les quatre tyres Avon ! Et avec, je suis sûr, un upholstery vraiment filthy, avec ces coins dur-à-nettoyer. Mais maintenant vos problèmes sont over, avec cet EezipeeziKleen equipment ! Je vais démonstrer . . .

Madame: Eh bien, ne bother pas. L'inside est OK. C'est l'outside qui est grotty.

Salesman: Bon. Je lave votre

voiture. £1 seulement.

Madame: 50p.

Salesman: Ce n'est pas mon lucky jour. OK, 50p.

Les Carols de Noël

Toc!Toc!
Le monsieur ouvre la porte.

Monsieur: Oui?

Petite jeune fille: Carol-singers, monsieur.
Nous sommes des carol-singers.
C'est nous, les carol-singers.
Les carol-singers, c'est nous.
Ce que nous sommes, c'est . . .

Monsieur: OK, j'ai la rough picture. Et vous allez chanter quoi?

Petite jeune fille: Nous avons déjà chanté. La chanson est finie. Nous venons de chanter *God rot you, Heureux Gentilshommes.*

Monsieur: God Rest you, Heureux Gentilshommes.

Petite fille: Oui. Et maintenant c'est fini. Terminé. Over.

Monsieur: Mai je n'ai rien entendu!

Petite fille: Ce n'est pas de ma faute. Nous avons chanté. Nous avons sonné à la porte. Nous avons complété notre contracte.

Femme: (Off stage) Qui c'est, Georges? Les dustmen?

Mari: Non!! Regarde, petite fille, voilà 10p. Si vous nous donnez un vers d'un autre carol, je vous donnerai 20p.

Fille: 30p.

Monsieur: 25p, et c'est mon offre finale.

Fille: OK, je vais le mettre à mon éxécutif.

Femme: (Off-stage) Qui c'est, si ce n'est pas les dustmen?

Monsieur: Les carol-singers!
Tu penses que les dustmen chantent peut-être?

Fille: Mes chanteurs disent Oui au 25p. Nous allons chanter un vers de *Dans Dublin's Fair City.*

Monsieur: Dans Bethlehem, That Fair City.

Fille: Oui *(Ils chantent un petit vers.)* Maintenant le 25p, s'il vous plait.

Femme: (On-stage) Ah! Les petits carol-singers! Comme ils sont magnons! Que vont-ils chanter?

Fille: Nous avons déjà chanté.

Femme: Je n'ai rien entendu!

Monsieur: Oh, là-là-là!
Maintenant nous sommes dans treble-overtime.

Fille: Pour un extra vers pour votre femme, nous demandons 60p.

Monsieur: Non, non, non!
C'est scandaleux.

Femme: Voilà 60p.

Monsieur: C'est un settlement inflationnaire!

Femme: Je m'en fous. Chantez, mes petits.

Fille: Nous allons chanter un vers de *We Free Kings.*

Monsieur: We Three Kings.

Fille: Oui. Three Kings. OK—
un, deux, un, deux, trois, quatre . . . !

Les Horoscopes

Femme: Que fais-tu aujourd'hui ?

Mari: Je prends le train à Bradford. Un meeting de reps. Un vrai drag. Et toi ?

Femme: Je vais chez le coiffeur. Puis lunch avec Deirdre. Puis le Christmas shopping.

Mari: Deirdre qui ?

Femme: Deirdre Wilkins. Pourquoi ?

Mari: Rien.

Femme: Avant de partir, lis-moi 'Today's Stars' par Madame Kalinka.

Mari: Tu ne crois pas ce rubbish ?

Femme: Implicitement.

Mari: OK . . . pour moi, il dit . . . Mon Dieu ! C'est extraordinaire !

Femme: Pourquoi ?

Mari: Il dit . . . 'Vous direz à votre femme que vous prenez le train pour Bradford, question de rep conference. C'est un sac de codswallop. Vous avez d'autres plans secrets.'

Femme: Ah, elle connaît ses oignons, Madame Kalinka ! Et quels sonts vos plans secrets ?

Mari: Non, ce n'est pas vrai ! Je vais à Bradford.

Femme: Hmm. Il y a encore ?

Mari: Oui. 'Au lieu d'aller à Bradford, vous allez à la seduction de la meilleure amie de votre femme.'

Femme: Mais, c'est Deirdre ! Toi et Deirdre ! Non !

Mari: Oui, c'est vrai. Damnée Madame Kalinka !

Femme: C'est horrible ! Deirdre était ma head prefect. Et maintenant . . . avec mon mari !

Mari: Un moment. Tu m'as dit que tu prendrais lunch avec Deirdre. Je sais que c'est impossible. *Avec qui tu prends lunch vraiment* ?

Femme: Je ne te dis pas.

Mari: Alors, je vais demander à Madame Kalinka . . . Tu es Poisson, n'est ce pas ? . . . Ah ! 'Vous espérez commettre l'adultère avec le mari de votre meilleure amie, mais votre mari, qui ne va pas à Bradford, met un spanner dans la machine.' Le mari de Deirdre ? Tony ! Toi et phoney Tony ! Non !

Femme: Oui. Il est très gentil.

Mari: Il est un berk.

Femme: Oui, mais c'est un berk gentil.

Mari: Look . . . ce n'est pas trop tard. Si tu veux sauver le mariage, je suis game. Si on allait à Brighton pour le jour, juste toi et moi ? Laisse le washing-up ! Laisse tout !

Femme: Oh, David. J'ai été dans un blind fool situation.

Mari: Oh, Mary. Pour moi, tu es la seule femme.

(FIN. ROULEMENT DES CREDITS. MUSIQUE DE TCHAIKOVSKY. ANTHEM NATIONAL, BONNE NUIT,TOUS.)

Les Cartes de St Valentin

Elle: Tu as des lettres ?

Lui: L'usuel. Un bill. Un Free-Chopsticks-Offer du Good Food Guide. Un Reminder Final de ce club de livres à Swindon. Ils menacent de faire le cutting-off de mes livres. Une carte d'un 24-heures fly-by-night plumber. C'est tout. Et toi ?

Elle: Seulement une lettre. C'est . . . ah !

Lui: Quoi ?

Elle: Oh, chéri, c'est lovely !

Lui: Quoi ?

Elle: Cette carte de St Valentin que tu m'as envoyée. Merci, merci ! Laisse-moi t'embrasser . . .

Lui: Un moment. Cette carte n'est pas de moi.

Elle: Quoi ?

Lui: J'ai oublié le card-sending. Pardon.

Elle: Oh.

Lui: *(Après un silence)* C'est de qui, cette carte ?

Elle: Je ne sais pas. Elles sont anonymes, les cartes de St Valentin. Search-moi.

Lui: Laisse voir . . . ah ha ! Regarde ! Il y a un message.
  Je t'envoie mon best amour
  Be my Valentin toujours
            R
  Qui est R ?

Elle: Je ne sais pas. Peut-être un admirateur fervent mais furtif.

Lui: Ho ho, très drôle. Dis-moi tous tes amis, qui commencent par R.

Elle: Il y a Robert . . .

Lui: *Qui est Robert?*

Elle: Ton frère.

Lui: Ah. Oui. C'est vrai. Continue.

Elle: Merci. Il y a Ruth, ma mère. Il y a Rex Harrison, que j'ai passé dans la rue en 1957. Il y a Roger, qui a émigré au Canada. Il y a Reginald, le sub-librarian, Ricky, le dachshund de Reggie, Mr Rumbelow . . .

Lui: Mr Rumbelow ?

Elle: Mr Rumbelow, le pork butcher. Tu ne savais pas que Mr Rumbelow et moi sommes dans le whirlpool d'une affaire passionnée ? Chaque matin il m'envoie six escalopes et son amour torride. Et puis il y a Ricardo, le gigolo avec qui je danse chaque mercredi, Reinhard, mon demon lover de Deutschland, Lord Ralph Rentfew, qui exerce son droit de seigneur sur moi . . .

Lui: Tu te moques de moi.

Elle: Ah, chéri, tu es si jaloux ! La vérité, c'est que j'ai envoyé la carte moi-même. C'était pour te provoquer.

Lui: Fair enough. Touché. Et maintenant je suis dans un late-for-work situation ! Au revoir. *(Embrassement. Exit. Elle téléphone.)*

Elle: Ronald ? Ronald ! Tu étais très naughty. Mon mari a presque trouvé la vérité . . .
La carte . . . La carte que tu . . .
Tu n'as pas envoyé une carte ?
Alors, qui . . . ?

Chez le Boulanger

Madame: Bonjour, monsieur.

Monsieur: Bonjour. Je veux acheter du pain.

Madame: Bon. Sandwich? Tin? Crumbly cottage? Roughmeal? Wonderflannel?

Monsieur: Non. Ils sont trops grands.

Madame: Oh. Un petit brun?

Monsieur: Non. Le petit brun est trop grand.

Madame: Curieux. C'est pour combien de gens?

Monsieur: 500.

Madame: 500? Et le petit brun est trop grand? Vous allez essayer le trick du catering pour les 5,000 avec un petit poisson aussi?

Monsieur: Non. Le fact est, je suis le Secrétaire Social du Hunt Ball de Bicester. Nous avons 500 guests. Donc je veux réserver 500 petits pains.

Madame: Mais c'est simple! Prenez 500 rolls de bridge!

Monsieur: Ce n'est pas si simple. Vous avez été guest à un Hunt Ball?

Madame: Hélas, monsieur, je mène une vie sans glameur. On m'a invitée une fois à une Danse de Barn, mais personne ne m'a demandé de danser.

Monsieur: C'est tragique. Eh bien, à 11.30 p.m. à un Ball de Hunt tout le monde est un peu tipsy et rowdy. Ils cherchent un outlet pour leur énergie bucolique; donc, au lieu de faire le hokey-cokey (qui est un peu petit-bourgeois), ils commencent à jeter les petits pains, et faire des noises de gaieté comme 'Ouah! Ouah! Ouah! Bon shot!'

Madame: C'est monstrueux!

Monsieur: Pour un boulanger, c'est monstrueux. Pour un ballgoer, c'est routine. Donc, je cherche 500 petits pains avec des qualités ballistiques, qui balancent bien, qui volent bien et qui ne causent pas d'accidents fatales. Les rolls de bridge sont pointus comme un ball de rugby. Vous avez été guest à un match de rugby?

Madame: Hélas, monsieur, ma vie est strictement non-sporting. On m'a invitée une fois à une soirée de table tennis ,mais on a perdu le ball après dix minutes.

Monsieur: C'est tragique. Eh bien, je désire quelque chose qui est *rond*, qui est léger et qui prend un flight-path sans déviation.

Madame: C'est une question sans précédence dans ma boulangerie. Mais je crois que je peux recommander les soft baps stales. C'est 4p chacun, donc 500 c'est £20.

Monsieur: Bon! Ah, un moment—c'est seulement 499

rolls. Je n'ai pas . . . je n'ai pas de partner.

Madame: C'est tragique.

Monsieur: Vous . . . Vous ne voulez pas venir comme mon partner ? Vous me semblez un esprit kindred.

Madame: Monsieur, je serais enchantée.

Monsieur: Madame, vous m'avez rendu très heureux. Donc, apportez 500 soft baps stales et une robe longue.

La Musique dans la Rue

Monsieur: Merci. Une belle tune. Voilà 20p.

Busker: Merci, guv. Ta beaucoup.

Monsieur: Incidentellement, comment elle s'appelle, cette tune?

Busker: Blimez, monsieur, j'ai oublié. Hummez-moi un peu.

Monsieur: (fait le humming)

Busker: Ah! C'est, 'I'm in love with a wonderful girl, and she's in love with Fred'.

Monsieur: Je ne la connais pas.

Busker: Je l'ai écrite moi-même. Hier soir.

Monsieur: Incidentellement, jouez-vous des requests?

Busker: Oui. Vous avez un request? J'ai 5,000 melodies dans ma répertoire. Je les déteste toutes, mais cela n'est ni ici ni là.

Monsieur: Pouvez-vous jouer 'I sat on the verandah with lovely green-eyed Miranda'?

Busker: Volontiers. Un, deux, trois . . . ! (*Il joue*)

Monsieur: Hmm . . . c'est un peu comme 'I'm in love with a beautiful girl, and she's in love with Fred'.

Busker: C'est vrai. Toutes mes 5,000 mélodies sont un peu similaires.

Monsieur: N'est-ce pas un peu boring pour vous?

Busker: Oh, non. Je n'écoute pas. Pendant que je joue de l'accordéon, je compose dans ma tête. Je compose une symphonie!

Monsieur: Vraiment? Pour un orchestre?

Busker: Pas exactement. Pour 80 accordéons.

Monsieur: Et où allez-vous trouver 80 accordéons?

Busker: A Majorca. Tous les buskers prennent leurs vacances au mois de juin, à Majorca. L'année dernière, j'ai écrit une cantata pour dix vieilles dames avec wind-up gramophones dans leur pram. Mais c'était un peu avant-garde.

Monsieur: Et vous gagnez assez d'argent pour aller à Majorca?

Busker: Ce sont des vacances payées, payées par le Ministry.

Monsieur: Le Ministry . . . !?

Busker: Vous ne savez pas? Tous les buskers à Londres sont maintenant des servants civils. C'est pour mettre le busking sur un pied officiel. Avant, j'étais planning officer pour Croydon. Je suis sur un salaire. Tous les 5p et 10p dans ma casquette vont au Treasury. C'est la seule branche de la Service Civile qui fait un profit.

Monsieur: L'esprit boggle. Tiens . . . en ce cas-là, rendez-moi mes 20p.

Busker: Ah non—vous n'allez pas diddler le taxe-payeur! Mais je vais jouer encore une tune gratuite. C'est un petit morceau que j'ai composé ce matin, intitulé, 'If all the girls love a sailor, how do soldiers have children?'

Dans le Sex Shop

Assistant: Oui, monsieur ?

Monsieur: Eeuh . . . Hmm . . .

Assistant: Ne soyez pas embarrassé, m'sieu. Ici, il n'y a pas d'inhibitions. Laissez-le tout pendre au-dehors !

Monsieur: Well . . . vous voyez . . .

Assistant: Pas encore. Dites-moi votre hang-up.

Monsieur: A parler franchement, je suis un explorateur arctique. Ce weekend, je pars pour six mois dans la tundre désolée du Nord.

Assistant: Tout seul ?

Monsieur: Non. Avec 20 chiens.

Assistant: Ah—ça, c'est votre hang-up ?

Monsieur: Non, non. Je suis affiancé à une petite jeune fille dans Acton, qui est la plus gentille demoiselle du monde . . .

Assistant: . . . mais six mois est longtemps pour la fidélité, et vous voulez acheter une poupée life-size inflatable pour toutes les activités les plus secrètes et intimes ?

Monsieur: Non, non ! Well, oui, un peu. Je désire quelque chose de spécial.

Assistant: Nous avons tout ici, m'sieu. Les crèmes, les appliances, les lotions . . .

Monsieur: Oui, mais au pôle du Nord, vous avez un freezing problem. L'exposure, c'est la mort.

Assistant: Mmm. Difficile. Peut-être une poupée inflatable avec anorak, duffle, chapeau Esquimau, longs-Jeans et lingerie thermale ?

Monsieur: Ce n'est pas très . . . romantique.

Assistant: Oh, là, là ! Pour la romance, vous savez, nous sommes un sex shop.

Monsieur: Vous n'avez pas un département de romance ?

Assistant: Monsieur, c'est un établissement sérieux.

Monsieur: Vous n'avez pas de cassettes ?

Assistant: Mais oui ! Nous avons les cassettes les plus risquées de Londres ! Après cinq minutes de leurs suggestions provocatives, vous serez superchauffé, même au Pôle du Nord. Garanti.

Monsieur: Je pensais plutôt à une cassette qui murmure les mots d'amour, de petits riens, ces sentiments innocents soufflés dans les oreilles des amants.

Assistant: Mon Dieu, c'est kinky. Mais demandez à votre fiancée dans Acton de faire une cassette comme ça !

Monsieur: Eh bien . . . c'est-à-dire . . . elle n'aime pas la romance. Elle aime seulement le sexe. A vrai dire, c'est pour ça que je vais au Pôle du Nord.

Assistant: Je regrette, je ne peux pas vous aider. Mais si vous changez d'avis en route, visitez notre branche à Reykjáavik, le Saga de Sex. Voilà notre carte. Et bonne chance.

Lesson Trente-Trois

La Séance

Medium: Hush! Je suis en contacte. Je reçois des messages.

Spectateur: De l'autre côté?

Medium: Chut! Qui êtes-vous?

Spectateur: Je suis Roland *Midbotham:* surveilleur de quantité.

Medium: Pas vois! Idiot!

Spectateur: Sorry, je suis sûr.

Medium: Ah, maintenant j'ai une contacte. Qui êtes-vous?

Voix: Je suis Fred.

Spectateur: Fred! C'est Fred Crockett, mon vieux ami de schooldays, qui était tragicalement perdu pendant le school-trip, à Boulogne. J'identiferais cette voix anywhere!

Voix: Non, je suis Fred, un dachshund. J'étais le pet de H. G. Wells.

Spectateur: Dommage, Fred Crockett était mon debteur, à la tune de 15p.

Medium: Et vous avez une message, Fred?

Voix: Oui. Si vous allez à la maison de H. G. Wells qu'il occupait en 1936, et si vous allez dans le jardin, et si vous excavez un trou sous le willow en larmes . . .

Medium: Oui

Voix: . . . Vous trouverez un grand ham bone.

Medium: Charmant. Vous avez des messages de H. G. Wells?

Voix: Non. J'ai parlé avec lui ce matin. Il refuse toujours â croire au spiritualism. Il est très stubborn.

Spectateur: Moi, j'ai une message pour H. G. Wells. Je peux parler?.

Medium: Allez, allez.

Spectateur: Eh bien, dites à H. G. que le BBC TV a sérialisé son M. Polly, avec-Andrew Sachs. C'est très bien fait, mais je le préférais comme Manuel

Fred: C'est un peu pointless. On ne reçoit pas le BBC à l'autre côté, et les royalties sont difficulties à transmettre.

2ème voix: Fred, Fred, viens ici! Où est ce damn chien?

Medium: Ah, c'est H. G. Wells lui-même, qui parle!

Spectateur: M. Wells! Si vous rencontrez Fred Crockett, dites-lui qu'il peut oublier le 15p!

Fred: C'est useless. Il ne peut pas vous écouter. Les non-believers ne peuvent pas contacter les vivants.

2ème voix: Fred, où as-tu mis mes slippers, petite espèce d'ectoplasme!

Fred: Oops. Faut partir, maintenant. Merci pour le petit chin-wag. Cela fait une change. Je viens, H. G.

Medium: Il part. C'est fini.

Spectateur: Gosh! C'était fascinant. J'ai actuellement parlé avec le dashchund de H. G. Wells. Personne ne va pas me croire.

Medium: Vous pouvez dire cela encore une fois.

La Nouveau Diary

le 1er janvier: La première entrée dans mon super Football Diary! Merci, Granny. Me levai. Pris le petit déjeuner. Mis ma super nouvelle chemise d'Angleterre (merci, Maman), mes shin pads de David Beckham (merci, Papa) et mes gym shorts. (Je ne peux pas porter les Stanley Matthews shorts, cadeau de Grandpa. Ils droopent à mes pieds. Je serai le laughing-stock.) Ai joué soccer tout le matin, Déjeuner (turkey froid. sprouts chauds, mince pies luke-warms), Joué soccer tout l'après-midi).

le 2 janvier: Me levai. Pris le petit déjeuner. (Tout-Bran, toast.) Ai joué soccer avec Tom, Andrew et Mark. Pour le Noël, son papa a donné à Mark le strip argentinien. Il dit maintenant, Appelez-moi Maradona. OK, j'ait dit, Mais appelez-moi David, j'ai dit, aprés mes shin pads . C'est silly, il dit. Pourquoi? j'ai dit. Votre nom est déjà David. C'est vrai. Après-midi, ai joué soccer avec Tom, Andrew et Maradona. Haut thé. Télé. Lit.

le 3 janvier: Me levai. Pris le petit d. (Corn en Flocons, toast.) Ai joué au soccer avec Tom, Pepe et Maradona. Andrew est maintenant Pepe.

Pourquoi Pepe? nous avons demandé Parce que j'ai les super-boots brasiliens et le super-star de Brasil, c'est Pepe. Non, petit twit, c'est Pele! Non, c'est Pepe, il dit, et il a commencé à blubberer. OK, OK, c'est Pepe, pleure-bébé.

le 4 janvier: Me levai. Le petit d. (Krispies de Riz, toast.) Ai fait les lettres de thank-you, sur mon paper à correspondence que m'a donné Tante Agatha, avec les petits bunny lapins. C'est sickening.

le 5 janvier: Me levai. Le p. d. (Weet-à-bix, toast.) Ai joué soccer le matin avec Snoopy, Pepe et Maradona. Tom a dit, Appelez-moi Snoopy. Ma chemise de RPQ (Rangers du Parc de la Queen) est à la wash, et je suis réduit à ma chemise de Snoopy. C'est bête, on lui a dit. Snoopy ne joue pas au scocer. Mais si! qu'il dit. Le soccer. c'est très big en Amérique. Ha ha, on lui a dit, et pour quel team joue Snoopy? Pour le Woodstock All-Star XI, il dit. L'après-midi, mon papa m'emmène avec Maradona pour voir Spurs à la Ruelle du Cerf Blabc. Ils sont rubbish. Après, Maradona a dit, Spurs sont rubbish, Maintenant je ne suis pas Maradona. Je suis Gary. Pourquoi Gary? Parce que j'aime le nom, dit Gary.

le 6 janvier: Me levai. P.d. (Store Rural, toast.) Ai joué au soccer avec Snoopy, Pepe et Gary. C'est boring. L'après-mid j'ai fait le mucking-about avec Tom, Andrew et Mark.

le 7 janvier: Me levai. P.d. (Toast. Je suis right off les céréals.) Mucking about.

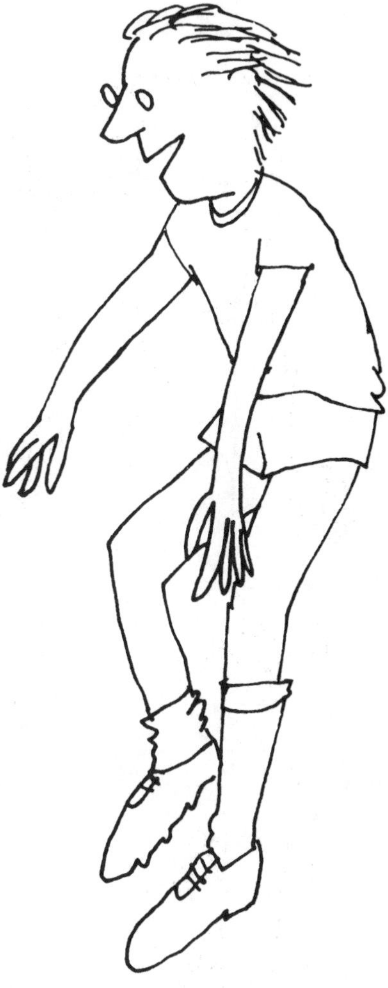

le 8 janvier: Me levai.

le 24 septembre: Tiens! J'ai trouvé mon vieux diary. Que c'est bête.

Au Zoo

Fils: Qu'est-ce que c'est ?

Papa: Qu'est-ce que c'est que quoi ?

Fils: Qu'est-ce que c'est que ce hairy rug ?

Papa: Hmm. Regardons le label.

'Lupus pseudolupus, ou Slinking Hyena'.

Fille: Il est mort?

Papa: Non, chérie. Il est en hibernation.

Fille: C'est la 348ème animal en hibernation que nous avons vu.

Fils: Nous avons vu seulement deux animaux avec les yeux ouverts.

Fille: Un starling et un sparrow.

Fils: Qui étaient des visiteurs au zoo, comme nous.

Maman: Oh, regardez! Dans cette cage-là! Un animal vivant!

Fils: Mon Dieu! Il faut prévenir la police!

Papa: Ne sois pas sarcastique avec Maman, sunbeam.

Fille: En tout cas, il est standing up, mais est-il vivant?

Papa: Regardons le label. 'Tapir pseudo-shetlandponicus, ou Dürrenmatt's tapir'.

Maman: Qu'est-ce que c'est qu'un tapir?

Papa: Et qui était Dürrenmatt?

Fils: Dürrenmatt était un explorateur suisse, qui spécialisait en la capture d'animaux morts ou d'animaux en hibernation perpétuelle. Il les tapait sur l'épaule pour voir s'ils bougeaient; sinon, ils les poppait dans un carrier bag marqué DUTY FREE. Ainsi, il a importé plus de 5,000 animaux quasi-morts et a fait sa fortune.

Maman: C'est vrai?

Fils: Non, mais c'est plus intéressant comme ça.

Papa: Watch it, sonny-garçon.

Fille: Oh, Maman, regarde! Un vulture!

Maman: Ugh.

Fille: Mais non, il est mignon. Allo, âllo, petit vulture, qui est un joli garçon alors? As-tu mangé ton carrion aujourd'hui?

Fils: Tu perds ton breath. Il est mort, comme tous les animaux ici.

Papa: Je crois qu'il a fait un petit wink.

Fils: C'est un wink posthume.

Papa: Au fait, c'est très intéressant, les animaux morts. C'est plus intéressant que les animaux invisibles.

Fils: C'était une spécialité de Dürrenmatt, tu sais, les bêtes invisibles. Il était le premier à introduire en Europe Dürrenmatt's Absent Lemur, qui était toujours somewhere else.

Maman: C'est vrai?

Fils: Presque.

Fille: Ah, regardez! Quel beau stick insect!

Fils: Non, mais quel beau stick!

(*Etc. etc, jusqu'à tea-time.*)

A la Pharmacie

Pharmacien: Bonjour, madame! Vous voulez des fancy choses? Les lunettes polaroides, sel de bain, poivre de bain . . .

Madame: Non. Je suis un client sérieux. Je veux de la cyanide de potassium.

Pharmacien: Hmm. C'est bien sérieux. Vous voulez, sans doute, exterminer un wasp's nest?

Madame: Non. C'est pour mon mari.

Pharmacien: Ah! C'est votre mari qui veut exterminer un nid de guêpes?

Madame: Non. C'est moi qui veux exterminer mon mari.

Pharmacien: Je vois. Bon. Alors, si vous revenez demain ou le jour après . . .

Madame: Mais c'est pour ce soir!

Pharmacien: Je regrette, madame. Il n'y a pas beaucoup de demande pour les poisons fatals. il faut faire un ordre spécial.

Madame: Mais mon mari part demain pour un trip de business en Amérique! Je ne peux pas l'empoisonner à une distance de 2,000 milles!

Pharmacien: Si j'ose le dire, c'est une erreur de planning.

Madame: Est-ce que vous avez une alternative acceptable? De l'arsenic, de la strychnine, un poison de l'Amerique de Sud employé par les pygmies . . . ?

Pharmacien: . . . et qui est impossible à tracer? Madame, il faut savoir que les pygmies préparent toujours les poisons chez eux. Ils ne viennent jamais dans ma pharmacie. Du moins, seulement pour le make-up et les perceurs de nez.

Madame: Alors, l'aspirine peut-être? Trente tablets, c'est fatal, n'est-ce pas?

Pharmacien: Oui. Mais dans mon expérience, il est très difficile de donner une overdose à quelqu'un d'autre. Ils deviennent suspicious après la vingtième pilule.

Madame: Bon point. Oh lor. Vous n'avez pas des lignes décontinuées, comme bacilles de botulisme ou des isotopes radioactives?

Pharmacien: Il n'y a pas l'espace. Si vous voulez battre votre mari à mort avec une sandale Scholl? Elles sont tres solides.

Madame: Il est plus fort que moi.

Pharmacien: Hmm. C'est un snag. Pourquoi pas revenir à ma suggestion initiale?

Madame: Les lunettes polaroides?

Pharmacien: Oui. S'il n'est pas accoutumé aux sunglasses, il y a une bonne chance qu'il va marcher sous un bus, ou tomber doucement devant un train de Tube.

Madame: C'est un long shot. Mais je vais essayer.

Pharmacien: OK. Laissez-moi savoir si cela fait le trick.

L'Etiquette de la Correspondence

A Un Archbishop

Vénéré Archbishop,

Mille félicitations sur votre appointement récent. Comme millions de churchgoers ordinaires, je cherche un lead spirituel dans ces temps troublés. A propos, je cherche aussi un scarf de cashmere que ma femme a laissé dans la cathédrale de Canterbury pendant un bargain-break weekend à Noël. C'est d'une couleur d'apricot, avec un label Jaeger. Merci en avance.

Mille genuflexions

A Un Maître de Gare

Cher respecté et honoré maître,

Dans ces temps troublés, quand tout le monde a seulement des brickbats pour le RB (Rail Britannique), je veux régistrer mon admiration totale pour votre cafétéria, qui n'est pas seulement spick mais aussi span. Vos sandwiches sont dignes de la group FHT (Forte et House de Trust), pendant que la clarté de vos announcements rivalise celle de la CBB (Corporation etc etc). A propos, vous n'avez pas trouvé un scarf cashmere? Platform Huit, je crois.

Je reste,

Votre plus fidèle commuteur

A Une Duchesse

Très gracieuse et adorée ladyship,

Vous ne me connaissez pas, mais j'étais un visiteur à votre stately home, Crickneck Hall, au weekend. J'ai beaucoup admiré vos portraits de famille, Ecole de Gainsborough. J'ai beaucoup admiré, dans ces temps troublés, la sérénité du Chinese Bedroom, avec son 32-piece Chow Mein Set. J'ai aussi admiré, dans le *Tatler,*

votre photo avec ce scarf charmant de cashmere. Est-il, par hasard, le scarf qu'a laissé ma femme dans le Stately Tea-Room ? J'ai seulement demandé.
En vous assurant de toute ma
sycophancie

A Un Fils

Mon très cher, très aimé et très dévoué fils,
Non, je ne peux pas te prêter £100. Oui, j'ai besoin de la voiture ce weekend. Non, je n'approuve pas ta girlfriend, Debby, qui est une slag. Maintenant, dis-moi une chose : as-tu emprunté le scarf de Maman pour le football match ?

Papa

Au Directeur d'une Grande Compagnie de Knitwear

Cher Monsieur,
Merci pour le scarf de cashmere que vous avez envoyé sur approval. Je veux le garder encore quelques jours, pour des raisons assez compliquées. OK ?

Je reste, etc

La Bicyclette et le Train

Guard: Un moment! Que faites-vous avec la bicyclette?

Passager: Mais . . . je le mets dans le van du guard.

Guard: Pas sur mon bleeding train, mate!

Passager: Pourquois pas?

Guard: C'est un INTER-CITE. Nouvelle régulation. Pas de bike. Défense d'installer les vélos. Dommage, et tout cela.

Passager: Mais le van est vide. Un sac de lettres. Une boîte de kippers. C'est tout.

Guard: Ce n'est pas moi qui fais les régulations. Maintenant, scarper.

Passager: Un moment! Si je démantèle la bike en quatre morceaux—et leur donner un wrapping de papier brun—vous les prendrez comme quatre parcels?

Guard: Oui.

Passager: Ah!

Guard: S'ils sont correctement régistrés, avec string et labels. Et le train part dans cinq minutes.

Passager: Oh . . . Un autre moment! Ce n'est pas une bicyclette!

Guard: Comment?

Passager: Il a le *look* d'une bike. Il a deux roues, une saddle et des handle-bars, tout comme une bike. Mais ce n'est pas une *bike*. C'est . . . c'est une machine de physiothérapie. C'est en route à un autre hôpital. Je suis un nurse mâle.

Guard: Ah? Et l'uniforme de nurse mâle, c'est l'anorak, les jeans et le rucksack en orange hideux?

Passager: Oui. Je suis nurse mâle d'outpatients. Je spécialise dans les accidents, espèce de Vacance de Banque, dans les montagnes; professeur-tombe-200-mètres-et-survit, des choses comme ça. Et j'ai une machine d'oxygène dans mon rucksack.

Guard: Laisse voir.

Passager: Non, vous n'avez pas le droit de search.

Guard: Ce train passe par Coventry et Rugby à Wolverhampton.

Passager: So what?

Guard: Corrigez-moi si j'ai tort, mais ces trois villes sont notables pour l'absence des montagnes. Dans les annals de mountaineering, les Midlands ne forment pas même une footnote.

Passager: Oui, mais je change à Wolverhampton pour Derby. Le Peak District, vous savez.

Guard: Alors, vous avez un wrong train. Il y a un express direct d'ici, à Derby.

Passager: Oui, mais je prends la route longue, pour . . . pour donner le running-in à la machine. C'est tout neuf.

Guard: Vous allez vous exercer, ici, dans le train, dans mon van, sur votre machine?

Passager: Eeugh . . . oui.

Guard: Vous êtes fou. OK, jump in.

A la Garden Partie

Le Maire de Casterbridge: Joli jardin. Jolis arbres. Jolis hydrangeas.

La Mairesse de Casterbridge: Très joli. Tu crois que la Reine fait tout le gardening personellement ?

Maire: Grosse chance. Elle a un régiment de jardiniers.

Mairesse: Le Household Cavalry ?

Maire: Mais non ! Le Household Cavalry, c'est une source de manure libre, voilà tout.

Mairesse: Hmmm . . . Tu sais, il y a 3,000 visiteurs ici, et nous n'avons parlé avec personne.

Maire: Ils sont tous des maires, des alderpersonnes, des clercs de ville et des actes qui ont flunké les auditions pour la Performance de la Commande Royale.

Mairesse: Still et tout, si nous revenons de la Maison Buck à Casterbridge, et si on nous demande avec qui nous avons fait le rubbing d'épaules, et si nous disons : Personne . . .

Maire: Ah ! Voilà une dame qui a l'air un peu solitaire. Faisons la chose décente par elle.

Mairesse: Bonjour, madame. Un très joli jardin, n'est-ce pas ?

Dame: Merci.

Mairesse: Ah, c'est vous qui faites le gardening ?

Dame: Un peu comme ça.

Maire: Il faut vous féliciter. Le sward est immaculé.

Dame: Nous avons beaucoup de trouble avec les daisies.

Mairesse: Et les corgis, sans doute !

Dame: Non, ils sont toujours à Windsor.

Maire: Ah, vous êtes en charge à Windsor aussi ?

Dame: Oui, un peu comme ça.

Mairesse: Quel job. J'ai seulement un demi-acre à Casterbridge, mais c'est une full-time chose.

Dame: Casterbridge ? Une jolie petite ville. Je passe par là quelquefois pour voir mon fils, qui est dans le Navy.

Mairesse: Eh bien, pourquoi pas faire le dropping in ? J'insiste, la prochaine fois, venez prendre une tasse de thé, et faire un tour des borders et rockeries.

Dame: Merci. C'est possible. Le fact est, j'ai beaucoup d'engagements, etc. Et maintenant, il faut que je circule. Au revoir.

Mairesse: Au revoir . . . Quelle dame plaisante. La chose drôle est, elle était très familière.

Maire: Oui, je connais cette face. Elle a, peut-être, un programme de gardening à la TV.

Mairesse: Sans doute. Eh bien, une conversation avec la jardinière est meilleur que rien.

Maire: Ce n'est pas beaucoup à rapporter à Casterbridge.

Test Paper en Franglais

Félicitations! Vous avez fini le "Hi-Speed" Franglais Course! Vous êtes sur le brink de success et d'une fortune. Mais attendez un moment! First, une petite examination. Oui, votre passing-out examen!

A. Regardez l'illustration sur le page opposite.
B. Oui, la picture de cinq blokes.
C. Regardez bien.
D. Regardez avec beaucoup d'attention.
E. Vous avez regardé ?
F. Bon.
G. Maintenant, donnez un tick au correct reply après les questions suivantes.

1. Combien de blokes dans la picture ont une moustache?

i. Un (1) bloke a une moustache.
ii. Deux (2) blokes ont une moustache.
iii. Deux blokes ont une moustache, et un autre, le bloke avec le cricket bat, il a un petit caterpillar sur son upper lip. C'est une moustache? Qui sait? Seulement l'artiste, peut-être.

2. Dans la picture, il y a l'équipement pour un game. Oui, mais which game?

i. Cricket.
ii. Footboules.
iii. Hunt l'oignon.
iv. Tax evasion.
v. Smoking en public.

3. L'autre bloke, avec le bowler hat et les oignons, que fait-il comme profession?

i. Il est le boss de DEFRA.
ii. Il est un Orangeman de Belfast, mais il n'y avait pas d'oranges dans le shop, seulement des oignons.
iii. Il est artiste.
iv. Il est piss-artiste.

4. L'autre bloke, avec le helmet de tropique, à la gauche – il a un handful. . .

i. d'oranges.
ii. de grenades à la main.
iii. de black balles de tennis, pour les conditions de snow.
iv. de rissoles.

5. Finalement, l'autre bloke, à droite, le three-fingered bloke avec le priest's hat et le brief-case. Pourquoi la costume curieuse?

i. Il est un inspecteur de taxes, undercover.
ii. Il va a une partie de fancy dress.
iii. Il est un cardinal du Vatican, en drag.
iv. Il est un transvestite, avec son frock dans le brief-case.
v. Il est l'accountant d'Elton John.

Et maintenant, écrivez une sentence en moins de trente (30) mots, pour dire pourquoi Franglais est un supérieur product.

"Je crois que le Franglais est definitivement supérieur à toutes les autres langues artificielles, parce que . . ."

FIRST PRIZE: Holiday d'un fortnight en Frangleterre!

SECOND PRIZE: Opportunity à être manager de Liverpool FC.

THIRD PRIZE: Dinner date avec Antoine de Caunes.